# নীড়ের মায়া

## (Nest-Nostalgia)

দীপ্তি চক্রবর্তী

Auctus Publishers

www.auctuspublishers.com

Copyright @2021 by Dipti Chakrabarti
Book and cover design by Mahasweta Pattrea
Cover Art designed by Abhirup Chakrabarti

Published by Auctus Publishers
606 Merion Avenue, First Floor
Havertown, PA 19083
Printed in the United States of America

নীড়ের মায়া (Nest-Nostalgia) is a work of creative non-fiction. The events recounted are to the best of the author's memory. Some names may have been altered to protect the privacy of those involved.

All rights reserved. No parts of this publication may be reproduced, stored in a retrieval system, or transmitted in any form or by any means, electronic, mechanical, photocopying, recording or otherwise without the written permission of the publisher, except for research and academic purposes ony.

ISBN: 978-1-7334456-7-2

Library of Congress Control Number: 2021933991

## উৎসর্গ

আমার একমাত্র ছেলে ও বৌমা যারা আমার প্রেরণা ও উৎসাহদাতা, অতীশ ও রণিতাকে এই বই উৎসর্গ করলাম।

# ভূমিকা

ছোটবেলা থেকেই প্রবন্ধ কবিতা ইত্যাদি লেখায় আমার খুব উৎসাহ ছিল। সেই ইস্কুল জীবনে বাবা মায়ের উৎসাহ আমার লেখার আগ্রহকে বাড়িয়ে দিয়েছিল। স্কুল ম্যাগাজিনে প্রতি বার কিছু না কিছু কবিতা প্রবন্ধ দিয়েছি। ১৯৪৮ সালে ক্লাস ফোরে বাবা মায়ের সঙ্গে একবার মুর্শিদাবাদ বেড়াতে গিয়েছিলাম। বাড়ি ফিরে তার ওপর একটা ভ্রমণ কাহিনী লিখেছিলাম। বাড়িতে সবাই ভালো বলেছিল। স্কুলের দিদিমণির লেখাটা ভালো লেগেছিল বলে সেটাকে ম্যাগাজিনে ছোটদের পাতায় প্রকাশ করেছিলেন। এছাড়া একটু বড় হয়ে খুব সম্ভব ক্লাস এইট বা নাইনে আর একটা লেখা দিয়েছিলাম। সেটা ছিল স্কুলের সামনে একটা গলির মধ্যে ঢুকে স্কুলে পৌঁছানো পর্যন্ত যে ছোট রাস্তাটা চলে গিয়েছিল, সেটাকে মানুষ ধরে নিয়ে তার বুকের ওপর দিয়ে গাড়িঘোড়া, আন্যান্য মানুষজন চলে যাচ্ছে, অথচ পদদলিত তার যন্ত্রণা কেউ বুঝতে পারছে না, এমন একটা পদদলিত যন্ত্রণাক্লিষ্ট মানুষ হিসাবে তার যন্ত্রণার কথা লিখেছিলাম। শেষ মুহূর্তে জানিয়েছিলাম যে সেটা আমাদের স্কুলের পৌঁছনোর ছোট রাস্তাটা। সেটা অনেকেরই প্রশংসা অর্জন করেছিল। এছাড়া শ্রীশ্রীরামকৃষ্ণ বা শ্রীশ্রীমা সারদামণির

জন্মবার্ষিকী উপলক্ষে আমাদের বলরাম সরকারের মাঠে অনুষ্ঠান হয়েছিল। সে অনুষ্ঠানে সারদামণির ওপরে নিজের লেখা একটা প্রবন্ধ পাঠ করেছিলাম। সেই প্রবন্ধটায় বিশেষ করে পরমপুরুষ রামকৃষ্ণ গ্রন্থের লেখক অচিন্ত কুমার সেন গুপ্তের সাক্ষর ছিল। এটা আমার জীবনের একটা পরম প্রাপ্তি। এছাড়া আগের বই 'পরিযায়ী পাখি'র ভূমিকায় জানিয়েছি যে ঋষি বঙ্কিম চন্দ্র কলেজের প্রাক্তন প্রিন্সিপাল একটা অনুষ্ঠানে আমার উদ্বাস্তুদের নিয়ে লেখা একটি কবিতা শুনে আলাদা করে ডেকে নিয়ে প্রশংসা করেছিলেন, খুব সম্ভব ১৯৫০ সালে। তিনি নিজে আগ্রহ নিয়ে বাবার সঙ্গে পরিচয় করেন। এরপর আমার টাইফয়েডে মরণাপন্ন অবস্থা হওয়ায় সেই সময়ে বেশ কিছুকাল লেখা বন্ধ ছিল। বাৎসরিক পরীক্ষা না দিতে পারায় একটা বছর নষ্ট হবার সম্ভাবনা দেখা দিয়েছিল। কিন্তু স্কুলের পরীক্ষায় বরাবর প্রথম পাঁচ জনের মধ্যে থাকায় দিদিমণিরা হাফ-ইয়ারলি রেজাল্ট অনুযায়ী ক্লাস নাইনে ওঠার অনুমতি দেন। স্কুলে যখন ক্লাস টেনে পড়ি, আমার এক বন্ধুর বিয়েতে অন্য বন্ধুদের আগ্রহ ও উৎসাহে সকলের হয়ে একটা কবিতা লিখে দিতে হয়েছিল। সকল বন্ধুদের নামে তা বাঁধানো হয়েছিল। আমাদের খুব প্রিয় রমাদিদিমণির পরামর্শে, কারুকার্যকরা মাঝারি সাইজের শৌখিন টুলের ওপর বসিয়ে রাখা হয়েছিল উপহার হিসাবে। এরপর কলেজ জীবনে বাবার সঙ্গে, শরৎচন্দ্রের জন্মভিটা, হুগলী জেলার দেবানন্দপুরে গিয়েছিলাম। সেখানে অনুষ্ঠানেও আমার লেখা একটা কবিতা পাঠ করেছিলাম। এভাবেই দিন চলতে লাগল।

সম্ভবত বিদ্যাসাগরের লেখা 'শকুন্তলার পতিগৃহে যাত্রা'তে পড়েছিলাম 'স্নেহ অতি বিষম বস্তু'। সত্যি বড় হয়ে এই কথাটার মর্ম অন্তর থেকে উপলব্ধি করি। আমার লেখাগুলো পড়ে বাবা যেন মন্ত্রমুগ্ধ হয়ে গেল, যেন তার মেয়ে মস্ত বড় লেখিকা। যে আসত তাকেই লেখাগুলো দেখাত। খারাপ কি আর কেউ বলে, ছেলেমানুষের লেখা। ভালতো বলবেই। এ ছাড়াও একটা অবাক করা কাজ বাবা করে বসল। লেখার খাতা বিভিন্ন কবির ঠিকানাতে পাঠাতে লাগল, 'শনিবারের চিঠি'-র ঠিকানাতে বা কবিদের বাড়ির ঠিকানা পেলে সেখানে। কবিশেখর কালিদাস রায়, মোহিতলাল মজুমদার প্রশংসা করে কিছু লিখে খাতাটা আবার বাড়িতে ডাকে পাঠিয়ে দিয়েছিলেন। বিয়ের পর মা সে খাতাটা তার কাছে রেখে দিতে চাওয়ায় তা আর আনা হয় নি। এর ফলে আমার আরও উৎসাহ বেড়ে গেল। সবচেয়ে মজার ব্যাপার হল, আমার বিয়ের চিঠিতে একটা কবিতা আমাকেই লিখতে হল বাবার একান্ত অনুরোধে। বারবার না করা সত্ত্বেও, বাবার মনে এত কষ্ট হল যে এক প্রকার বাধ্য হলাম লিখতে, অবশ্য আমার ঠাকুমার নামে।

বিয়ের পর ছোট ছেলে মেয়ে সামলে এবং আরও নানা কারণে, লেখার দিকে আর মননিবেশ করতে পারিনি। তারপর ছেলেমেয়েরা বড় হল, ছেলে বিদেশ গেল, মেয়ে শ্বশুরবাড়ী গেল, স্বামী মারা গেল, বাড়িতে আমি একদম একা হয়ে পড়লাম। ছেলের অনুরোধে আবার লিখতে শুরু করলাম। ছেলে আমাকে আমেরিকাতে নিয়ে এল, যা মনে

আসতে থাকে তাই লিখে যেতে থাকলাম। ২০০৮ এ কিছু লেখা নিয়ে ছেলে ও বৌমা মিলে 'পরিযায়ী পাখি' নামে বই বার করল। এতদিন পর আবার বেশ কিছু লেখা জমেছে দেখে আর একটি বই প্রকাশ করবার উৎসাহ দেখিয়েছে। নাতির কথা আলাদা, আমেরিকাতে জন্ম, বন্ধু-বান্ধব ইংরাজিতে কথা বলে, স্কুলের পঠনপাঠন সবই তো ইংরাজিতে। যদিও সে আমার কাছে বাংলা শিখেছে, পরিষ্কার বাংলা উচ্চারণ করতে পারে, অনর্গল বলতে পারে, লিখতেও পারে, তবে যুক্তাক্ষর বোধ করি আর মনে নেই বহুদিনের অনভ্যাসে। সে-ই আমার প্রথম বই 'পরিযায়ী পাখি'র প্রচ্ছদ চিত্র এঁকে দিয়েছিল। আমার ছেলে ও বৌমার বন্ধু বান্ধব, যেমন, পিনাকি-সুপর্ণা, সৌরভ-সুহিতা, সন্দীপ-পিউ, শহিদ-নিপু, শঙ্কর-কথাকলি এবং আরও অনেকে। আর একজন আমাকে উৎসাহ যুগিয়ে গেছে সে হল বাবি, বৌমার দিদি।

শেষে বলি, সকলের আগ্রহে পুনরায় আর একটি বই প্রকাশ করতে আগ্রহী হলাম। নাম 'নীড়ের মায়া'। মাঝে মধ্যে দেশে গেলেও, বয়েসের ভারে, দেশে ফিরে গিয়ে পুরোপুরি একা থাকার তো উপায় নেই, এখানেই থেকে যেতে বাধ্য হয়েছি, তবু নীড়ের মায়া কাটাতে পারি না। তাই এই নাম।

দীপ্তি চক্রবর্তী

## সূচীপত্র

১। ছোটোদের জন্য // ১
    (ক) ম্যাক্স
    (খ) পাদপূরণ (প্রসঙ্গ নারদ)
    (গ) আমার মুণ্ডপাত

২। মনের প্রকাশ // ৩
    (ক) লোভ
    (খ) নিয়তি
    (গ) শেষ ইচ্ছা
    (ঘ) সাধনা
    (ঙ) শব্দছক
    (চ) করোনা ভাইরাস
    (ছ) চিত্রগুপ্ত
    (জ) জাতিস্মরের যাতনা
    (ঝ) নতুন সম্ভাবনা
    (ঞ) কলিযুগের বানপ্রস্থ
    (ট) নীড়ের মায়া

৩। প্রকৃতি ও ভ্রমণ কাহিনী // ১৬
    (ক) বসন্ত
    (খ) সূর্যের বলয় গ্রাস
    (গ) সূর্যোদয়ের দেশে মানসভ্রমণ
    (ঙ) নিউইয়র্ক ভ্রমণ
    (চ) অরল্যানডর ডিজনি ওয়ার্ল্ডে যাত্রা
    (ছ) পুনরাগমন
    (জ) সাগরবেলায়

৪। স্মরণিকা // ৬৪
    (ক) শ্রদ্ধেয়া দিদি শেফালি বিশ্বাসের প্রয়াণে
    (খ) স্বর্গতা লেখার স্মরণে শ্রদ্ধাঞ্জলি

৫। আশীর্বাদ // ৬৫
  (ক) দিদুর আশীর্বাদ
  (খ) বৃদ্ধার আশীর্বাদ
  (গ) ঠাম্মার আশীর্বাদ
  (ঘ) সৌম্যাভ
  (ঙ) আদিত্য
  (চ) অভিরূপ
  (ছ) কল্যাণীয় নোটন
  (জ) নিপু আর শহিদের বিবাহের পঁচিশ বছর পূর্তি উপলক্ষে কিছু কথা
  (ঝ) সুহিতা ও সৌরভের বিবাহের পঁচিশ বছর পূর্তি উপলক্ষে
  (ঞ) সাতের বাহার

৬। আমার বিশ্লেষণ // ৭৪
  (ক) কবিগুরু রবীন্দ্রনাথ ঠাকুরের 'আমি' কবিতাটির মর্মার্থ
  (খ) নিয়মের প্রয়োজনীয়তা
  (গ) বিবর্তিত বাঙালিয়ানা
  (ঘ) দেখবো এবার জগতটাকে
  (ঙ) বাঙালির জীবনে রাজা রামমোহন রায়ের অবদান
  (চ) আমার ছোটবেলা
  (ছ) পরবাসে বাঙালি - প্রথম প্রজন্ম -  না ঘরকা না ঘাটকা
  (জ) পরিবর্তন

৭। পুস্তক পর্যালোচনা // ১২৫
  (ক) অসুখের কাল, সুখের কাল (মুহূর্ত কথা) – লেখিকা কাজী তাহমিনা
  (খ) ব্রতচারী মেয়ে – লেখিকা কাজী তাহমিনা

## ছোটোদের জন্য

## ম্যাক্স

ম্যাক্স সোনা, চাঁদের কণা,
দুষ্টু বলে তাই বোঝে না,
আমাকে যে সে ছোঁবে না।
বুড়ী বলে তাই পারি না,
সামলাতে তার দস্যিপনা।
সপ্তাহেতে পাঁচটা দিন,
থাকি মোরা অন্তরীণ।
বেড়াজালের ফাঁকফোকরে,
একটা কিছু দেখলে পরে
গলা বাড়িয়ে ঝগড়া করে।
বকা দিলে একটু জোরে,
চেঁচিয়ে পাড়া মাথায় করে।
ক্লান্ত হয়ে থামলে শেষে
ছড়া শোনাই মিষ্টি হেসে।
অবাক হয়ে আমার মুখে,
তাকিয়ে ভাবে, 'কি যে বকে,'
'ঢুকছে না তো কিছুই মাথায়'।
তবুও তো মিষ্টি কথায়
বুড়ীর ওপর দয়া করে,
বসে আছি চুপটি করে'।
এভাবেতেই কাটে কদিন,
এদিকে প্রবীণ, ওদিকে নবীন।
অসম দুই বন্ধু মোরা,

পাবে না কো এমন জোড়া।
ঝাল মিষ্টির আলাপেতে
বয়ে চলে অন্তরেতে—
ভালবাসার ফল্গুধারা,
সেসব কথা বুঝবে কারা?
শুধু ম্যাক্স বোঝে আর আমি বুঝি,
বলে দিলাম সোজাসুজি।

### পাদপূরণ(প্রসঙ্গ নারদ)

ওহে, কলহ-সংঘটক ঠাকুর নারদ,
দয়া করে বাড়িয়ো না আর ঝগড়ার পারদ।
তোমার গুণের নেই তো কোনো শেষ,
লাগিয়ে ঝগড়া নিজেই বল, 'আহা, বেশ, বেশ, বেশ।'

### আমার মুণ্ডপাত

ইংরেজি নাম্বারে আমার বয়স হল এইটটি, বাংলা সংখ্যায় তাকেই বলে চল্লিশ, যমরাজ তো চল্লিশ দেখে আসছে না কো, ইংরেজিটা জানে না সে ভাগ্যিস। এই সুযোগে আমি কেবল ইংরেজি থেকে বাংলাতে করছি আসা যাওয়া, মতলবটা ধরবে বলে যমরাজও করল তখন আমার পিছু ধাওয়া। তবুও তো আশির দেখা পেল না সে, ক্লান্ত হয়ে পড়ল বসে মাথায় দিয়ে হাত, নিজের ভুলে নিজই রেগে যমরাজ এখন বসে বসে করছে কেবল আমার মুণ্ডপাত।

# মনের প্রকাশ

### লোভ

নিজের জিনিস চিনতে না পেরে, মোর কাণ্ডারি ফিরে গেল,
তখন থেকেই দেখছি আমার তরী টলোমলো।
জীবনে মরণে যে আমাকে দেখায়েছে দিশা—
একাকী চলার পথে যে আমাকে দিয়েছে ভরসা,
বারটা বছর কেটে গেছে, করিনি তো ভয়,
একাকী চলার পথে হয়েছি নিশ্চয়—
দূর থেকে সে আমাকে রক্ষা করে যায়।
অনুভবে মনে হত, সে যেন গো আছে চারপাশে,
দেখতে পাই না তবু আছে হেথা মিশে।
ছানি কাটা হলে পরে, স্বপ্নে দিল দেখা—
মনেতে বিশ্বাস হল, আমি হই নই কো একা।
কখন করিনি লোভ, কখন জমেনি ক্ষোভ,
সাদাসিদে এ জীবনটা নিয়ে,
নিয়মিত পরিমিত, সুখে দুঃখে আন্দোলিত,
ছোট এই জীবন তরী বেয়ে।
যখন জাগল লোভে, লাগাব রঙের ছোপ,
আমার এই সাদা ঘরদোরে,
একবারও হল না মনে নিজের বাড়িটা

সে চিনবে কেমন কোরে?
সত্যি সে নিজের বাড়ি চিনতে পারল না,
চিনতে পারলে আসত ঠিকই, ফিরে যেত না।
অনুভবই বুঝিয়ে দিত, ভাবতে হত না।
লোভের ফলে মাস না যেতেই মারণ রোগে করলে আমায় কাবু,
যমে মানুষে টানাটানি, মরণ আমার হল না কো তবু।
মারণ রোগেও একবারটি দেখতে এল নাতো,
লোভের ফলেই হারিয়ে গেল চিরকালের মতো।
একা একাই জীবনযাপন, একা একাই বিদেশ যাওয়া আসা,
হারিয়ে গেল জীবন থেকে, মনের মধ্যে ভয় বাঁধল বাসা।
একা একা থাকতে যে আর ভরসা পাই না মোটে,
না জানি আর কত বিপদ যখন তখন ঘটে।
বল ভরসা হারিয়ে ফেলে, বিদেশেতে ছেলের কাছে এসে,
স্মৃতিচারণেই লোভের মাশুল গুনছি আমি বসে।

## নিয়তি

স্থান, কাল, পাত্রের সীমাতীত—
অতীত, বর্তমান ও ভবিষ্যৎ।
যা ঘটেছে, ঘটছে বা ঘটবে—
নিয়তির দ্বারাই সেটা সম্ভব হবে।
"আত্মঘাতী বাঙ্গালী"র কার্যকারণের পরিণতি,
লেখকের ভাষায়, সেটাই বাঙালির নিয়তি।
এরই নাম কি 'ডেস্টিনি'?

দীপ্তি চক্রবর্তী

উত্থান পতনের কারণ বলে যেটা জানি।
'নিয়তি কেন বধ্যতে'?
বিশ্বাস হয় এই সত্যতে।
প্রাজ্ঞ কবির বাণীতে তাই—
এগিয়ে চলার প্রেরণা পাই।
"মনেরে আজ কহ যে,
ভালমন্দ যাহাই আসুক, সত্যেরে লও সহজে"।

## শেষ ইচ্ছা

আজিকার মতো দিন হল গত,
শেষের সে দিন প্রায় সমাগত।
সংসার মায়া কেন পিছে টানে এত?
চোখ কেন ওঠে এত ছলছলি?
বয়সের ভারে জীর্ণ শরীর পড়িতেছে ক্রমে ঢলি।
শেষ যাত্রার আগে আমি একটা কথাই বলি—
আজিকার এই অস্তাচলের পথে—
যদি করে থাকি অন্যায় কভু কারো সাথে,
দিয়ে থাকি ব্যথা কভু কারো মনে,
কোন এক দিন, কোন এক ক্ষণে,
হয়তো বা ভুলক্রমে কভু আনমনে।
ক্ষমীও, ক্ষমীও, ক্ষমীও হে সবে,
অক্ষম আর অবোধ বৃদ্ধা বলি।
যবে বহুদূরে আমি চিরতরে যাব চলি।

## সাধনা

মানবজীবনের সার্থকতা কোথায়?
সে কি শুধু জীবনের চলমান গড্ডালিকায়?
মহাজ্ঞানী মহাজনের কথায়, চৈতন্যোদয়ে, মনের গভীরতায়।
আনন্দঘন স্তব্ধতায় আর শিব জ্ঞানে জীব সেবায়।
এ যে মহাসাধকের মহাসাধনা।
কঠোর প্রয়াস বিনা আয়ত্তে আনা যায় না।
অল্প প্রয়াসেও জাগে না বোধ বা চেতনা।
জন্ম জন্মান্তরের অবিচল নিষ্ঠায় আর চেষ্টায়,
চেতনা, উত্তরণের পথে জাগ্রত হয়।
আসে কত বাধা বিপত্তি আর ব্যাঘাত,
কত দৈত্য দানবের উৎপাত—
সাধনার পথে বিঘ্ন ঘটায়,
তবুও যে স্থির লক্ষ্যে এগিয়ে যেতে হয়।
যদি জীবনের সাধনা, একটু হলেও, সার্থকতা পায়।

## শব্দছক

শব্দছক শব্দছক আমার প্রিয় শব্দছক,
কিসের এত বায়নাক্কা? করছ কেন বকবক?
জানো না কি তোমায় লালন করতে গিয়ে,
বেহিসেবি উদ্ভট সব বায়নাগুলো রাখতে গিয়ে,
মগজের শেষ ঘিলুটুকুর সবটাই যে খরচ হয়ে গেছে।

দীপ্তি চক্রবর্তী

খালি মগজ নিয়ে আমি এখন দাঁড়াই কার কাছে?
চারি দিকে আছেন জানি মুস্কিল আসান অনেক মহাজন,
তাঁদের সবার মহৎ প্রাণ, মহান তাঁদের সকলেরই মন,
বিপদেতে এগিয়ে আসেন, বিনা সুদে দেন আমাদের লোন।
জানি না তো কেমন করে শুধব সে ঋণ কবে এবং কখন।
ঋণের বোঝা শুধতে পারলে যখন আসব আবার ফিরে,
সবার সঙ্গে নতুন করে কাটবে জীবন শব্দছককে ঘিরে।

## করোনা ভাইরাস

করোনা ভাইরাস, করোনা ভাইরাস,
দেয় না নিতে শ্বাস প্রশ্বাস।
রোগীর মুখে না থাকে স্বাদ,
খাবার দাবার লাগে বিস্বাদ।
বাঁচার কোন থাকে না আশ,
এভাবেই কাটে বারোটা মাস।
রোগটি বড়ই সংক্রামক,
সঙ্গ দোষে মারাত্মক।
তাই তো সবাই পরস্পরে,
দূরে দূরে যাচ্ছে সরে।
বন্ধ সব স্কুল কলেজ,
অনলাইনে বাড়ছে নলেজ।
অফিসগুলো শুনশান,
দুই একজন যদিও যান।

অফিস চলে কোন রকমে,
ওয়ার্ক ফ্রম হোম সিস্টেম।
রাস্তাঘাটও তথৈবচ
মানুষজনও বেরোয় কদাচ।
যদিবা বেরোয় প্রয়োজনে,
হাতমুখ ধুই সাবানে।
দেখাসাক্ষাত কথোপকথন
অনলাইনে রীতিমতন।
পেটের জ্বালা বড় জ্বালা,
অফিসে পড়লে তালা
জুটবে না যে ভাতের থালা।
সব্জি বাজার তাইতো খেলা,
কেনাকাটা হচ্ছে মেলা।
হচ্ছে সে সব অনলাইনে,
নামিয়ে দিচ্ছে দরজার সামনে।
সাবানজলে সব্জি ধুয়ে,
যাচ্ছে সে সব ঘরে নিয়ে।
এখন শহরে লকডাউন,
বেরোয় না তাই মানুষজন।
আকাশেতে ওড়ে না প্লেন,
মাটিতেও চলে না ট্রেন।
বিজ্ঞানমতে বছর দু-তিন
পরে পাব ভ্যাকসিন।
ফিরে আসবে সুখের দিন।

## চিত্রগুপ্ত

খবর পেলাম, ভাইফোঁটাতে কোথাও কোথাও
চিত্রগুপ্তের পূজা নাকি হয়?
যমরাজের তো সে হিসাবরক্ষক, তার জন্যেও ফুল মিষ্টি রয়?
ছোট বড়ো সকল কন্যে, ভাইদ্বিতীয়ায় ভায়ের জন্যে,
ভাইকে ফোঁটা দেওয়ার আগে তাকেই ফোঁটা দেয় সে নাকি?
তার পিছনের আড়াল থেকে, যমদুয়ারে কাঁটা রেখে,
ভায়ের আয়ু বাড়িয়ে নিতে যমকে দেয় ফাঁকি?
মর্তবাসীর কান্নাহাসির খবর রাখে তাই,
প্রমাণ রাখে খাতায় লিখে, সেটা তখন দেখে দেখে,
সময় মতো যমের কাছে পাঠানোটা চাই।
স্বর্গসুখ, না, নরকভোগ, ভায়ের কপালে কী যে আছে লেখা,
বোনেরা তো জানে না কো, ভয়েতে হয় কাঁটা।
যমরাজকে ভয় পায়, তাই তোমার পূজা কোরে,
ভায়ের জন্য দীর্ঘায়ু চায় সুপারিশের জোরে।
পরের ঘরে বোনটি গেলে, বিপদ কোন হলে,
ভাই ছাড়া তার গতি যে নেই, অবলা আর অশিক্ষিত বলে।
সে যুগ আর নেইকো এখন, বদলে গেছে তাই—
লেখাপড়া শিখে তাদের দাঁড়ানো যে চাই।
মেয়েরা আজ দশভূজা, সংসার আর চাকরি,
দশটা হাতেই সামাল সে দেয়, গুছিয়ে ঘরবাড়ি।
আগের কালে মেয়েরা তো অন্ধকারেই ছিল।
কালের স্রোতে আঁধার কেটে চেতনা তার হল।

এখন তারা ভাইফোঁটা দেয় শুধুই ভালবেসে,
নিজের পায়ে দাঁড়িয়ে উঠে নিজেরই বিশ্বাসে।
চিত্রগুপ্তের পুজো করা সেটা হল সংস্কৃতি আর সভ্যতা,
পারিবারিক আনন্দে বয় সম্প্রীতি আর সখ্যতা।

## জাতিস্মরের যাতনা

একটি শিশুর শৈশব,
প্রাত্যহিক জীবনে আনে স্বর্গীয় বৈভব।
নির্মল ভালবাসার পবিত্র আস্বাদ
সে যে ভগবানের আশীর্বাদ।
তবে শৈশব চেতনার উন্মোচনে
শিশু যদি আনমনে,
ভাবে তার পূর্বজন্মের কথা,
যেখানে তার সুখদুঃখ, আনন্দ আর ব্যথা
মিলেমিশে একাকার।
খোঁজে যদি চারিদিকে তার
সেসব আপনজনে,
বর্তমান মা বাবার মনে
বিস্ময় জাগে, বিহ্বল লাগে।
এ শিশু যে জাতিস্মর।
খোঁজে তাই জন্মান্তর।
কিভাবে ফেরাবে তার মন?
পাবে কবে সুস্থ জীবন?

দুশ্চিন্তায় মা বাবা, আত্মীয় স্বজন।
পাড়াপড়শির কৌতূহলী মন,
কত যে প্রশ্ন তখন করে।
একবার নয়, দুবার নয়, নানান প্রশ্ন করে বারেবারে।
বিরক্ত শিশু তখন একাকী জীবন কাটায় নিরালা ঘরে।
করে শুধু ফেলে আসা অতীতের স্মৃতি রোমন্থন।
মরণেও যার ক্ষয় নেই, করে তারই স্মরণ।
জন্মান্তরের সেসব নিজস্ব অনুভূতি
সংসারজীবন, সন্তান-প্রীতি,
অন্যের কাছে যা আজব জীবের আজব স্মৃতি।
অবিশ্বাসীদের বোঝাতে না পারার যাতনা,
সরল সেই শিশুমনেও জাগায় আত্মগোপনের প্ররোচনা।
কঠিন সেই পরিস্থিতিতে কত না যত্নে আর ভালবাসায়
শিশুটির অশান্ত মন শান্ত হয়।
মঙ্গলাকাঙ্ক্ষী তার মা বাবা আত্মীয় স্বজন,
তাদের দরদী, বিশ্বাসী মন,
আগলে রাখে সেই অশান্ত জীবন।
যখন সে বোঝে জন্মান্তরের সঠিক পরিচয়।
মনের মধ্যে বিশ্বাসের সত্যতা দৃঢ় হয়।
শিশুটি যেসব কথা বলে, যেখানে সে যেতে চায়,
বর্তমান জীবনে সেসব যে খুঁজে না পায়।
সবার প্রিয় শিশুটি তো পূর্বজন্মের কথা বলে,
যে জন্ম ছেড়ে এসেছে সে অন্য মায়ের কোলে।
কখনও সেখানেই যাবে বলে বায়না ধরে,

তার মুখে এসব কথা শুনে বড়দের ভয় করে।
তাদের মনে জাগে অজানা এক সংশয়,
ভবিষ্যতে এ শিশুটির কি জানি কি হয়?
পূর্বজন্মের স্মৃতিচারণা
যেখানে আছে তার না পাওয়ার যাতনা,
নতুন জীবনে থেকেও যে থাকে না,
জন্মান্তরের সঠিক অর্থ তাকে দেবে সান্ত্বনা।
দেহ নয়, অজর, অমর আত্মার বন্ধন,
সে যে শাশ্বত আর চিরন্তন,
হারিয়েও তাই হারায় না,
মনের সেই সুপ্ত বাসনা।
বয়ে চলে জন্ম জন্মান্তর,
যদিও মনে থাকে না সবার।
জাতিস্মর ছাড়া পূর্বজন্মের কথা কেউ তো বলে না,
তাই পূর্বজন্মের কথা সবাই ভোলে, যদিও কেউ কেউ ভোলে না।

## নতুন সম্ভাবনা

কিছুদিনের পরিযায়ী পাখি ছিলাম আমি,
ডানার সে ঝটপটানি গেছে এখন থামি।
ডানা মেলে উড়ে যেতে লাগত বড়ো ভালো,
বিদেশবাস স্বপ্ন হলেও, মন বলত এবার ফিরে চলো।
ফিরে চলো নিজের দেশে, সে যে তোমার জন্মভূমি,
বাল্য, কৈশোর, যৌবনেরই সে যে লীলাভূমি।

দীপ্তি চক্রবর্তী

হাসিকান্না, ভুলভ্রান্তি, কতশত স্মৃতি,
সুখেদুখে মাখামাখি-মনের ইতিউতি,
থমকে যেন আটকে আছে অতীতেরই কাছে,
সময় পেলেই স্মরণ করি, ভুলে না যাই পাছে।
দুর্বল ইন্দ্রিয়গুলি আটকে এখন দিচ্ছে আমার শক্তি,
ইচ্ছে মতো উড়ে যাবার ক্ষমতা নেই, নেইকো তাই মুক্তি।
এখনকার স্মৃতিতে মোর সব থাকে না মনে,
এদিক ওদিক ছড়িয়ে থাকা অমূল্য সব ধনে,
ভাবি আমি সেগুলো সব রাখব সযতনে।
ফেলে আসা দিনগুলি মোর পড়ে যাতে মনে।
বুড়ো বয়সে এগিয়ে যাবার ক্ষমতা যে নেই,
বন্দী আমি হয়েছি তাই অতীত জীবনেই।
নতুন যুগের নতুন জগত আসছে ধেয়ে সামনে,
নতুন নতুন টেকনোলজি, নাম তো জানি নে।
বয়স হলে সেসব থাকে ধরাছোঁয়ার বাইরে,
ধরতে আমি পারি নাকো, যতই কেন চাইরে।
যাবার সময় হল যে তাই ছেড়ে দিতে পথ,
নতুন যুগের চিন্তাধারায় নতুন নতুন মত
বিবর্তনের পথ ধরে যে চলবে এগিয়ে,
যুগ হতে ওই যুগান্তরে, চরৈবেতি মন্ত্র নিয়ে।
শেষ জীবনে একটি কথা বলে যেতে চাই,
অনেক আগে জন্ম হলেও সেকাল তখন নতুন ছিল ভাই।
সে কারণেই নতুন যুগকে করি অভ্যর্থনা,
ভবিষ্যতের মাঝেই থাকে নতুন সম্ভাবনা।

## কলিযুগের বানপ্রস্থ

‘পঞ্চাশ-উর্ধে বনং ব্রজেত’ এ কথাটা শাস্ত্রমতে সত্য,
তাই বলে কি দেহে মনে প্রতিযোগিতা নিত্য?
পঞ্চাশ তো সংখ্যা একটা তার মূল্য আছে কি?
মনের মধ্যে ডাক না এলে বনে গিয়ে লাভটা কি?
মনটা তো নয় সংখ্যা দিয়ে আটকে রাখা তত্ত্ব,
সংখ্যা বেয়েও বাড়ে না সে, না পেলে গভীর সত্য।
পরম সত্যের হদিশ পেলে মনের বয়স আপনি বেড়ে যায়,
বানপ্রস্থের চিন্তাভাবনা মনের মধ্যে তখন আসে যায়।
তাছাড়া এই কলিযুগে অরণ্য যে জনারণ্যে হারিয়ে গেছে ভাই,
মনের মধ্যে ডুব দিয়ে তার খোঁজ যে পাওয়া চাই।
জানি না খোঁজ পাব কিনা, পেলে পরে, ঘরে বসে বসে,
বানপ্রস্থের কর্তব্যটা মিটিয়ে ফেলি  শেষে।

## নীড়ের মায়া

ফেলে আসা নীড়ের এমনই মায়া
সে যে সহজে ভোলা যায় না।
সুখ দুঃখ, ভালমন্দ বিরহ-মিলন,
সব কিছু মিলেমিশে
গড়ে তোলে সার্থক জীবন।
জীবনের শেষে বৃদ্ধবয়েসে
কিছু কিছু স্মৃতি ফিরে ফিরে এসে

করায় স্মরণ হারিয়ে যাওয়া অতীত জীবন।
আনন্দেতে ভেসে থাকে মন সর্বক্ষণ,
পরিযায়ী পাখিও তাই ভালবাসার টানে
ফিরে যাওয়া নীড়ের সন্ধানে,
ফিরে আসে বারে বারে
বসে থাকে স্মৃতিসুধায় মাখা নীড়ের ওপরে।

## প্রকৃতি ও ভ্রমণ কাহিনী

## বসন্ত

"কে যেন বলিল পিছে বসন্ত এসে গেছে"
জানলা দিয়ে দেখি চেয়ে
কচি কচি কিশলয়ে গেছে ছেয়ে
ছোট বড় নানান তরুলতা।
লাল নীল সাদা হলুদ ফুলে ফুলে,
প্রজাপতির আলিঙ্গনে
কানে কানে
চলছে কত কথা।
পাখির ডাকে, কুহুতানে,
লাগছে দোলা প্রাণে প্রাণে।
আসছে ভেসে ফুলের গন্ধ,
বইছে বাতাস মৃদুমন্দ,
ভাসছে চোখে কত স্বপ্ন,
কত রঙিন খেলা।
বলছে তারা মনে মনে,
"জীবনের পরম লগন করো না হেলা"

দীপ্তি চক্রবর্তী

## সূর্যের বলয় গ্রাস

সূর্যের বলয় গ্রাস দেখেছিলাম বাইশ বছর আগে
যদিও কিছু কম ছিল সে দিনের ভাগে।
তখন তাকে হয় নি দেখা পরিপূর্ণরূপে,
স্বর্গীয় সে সৌন্দর্য ক্ষণিকের অপরূপে।
এবার একুশে আগস্ট ঘটবে পূর্ণগ্রাস সূর্যগ্রহণ,
জানি না পাব কিনা তার পরিপূর্ণ দর্শন।
সেই দুর্লভ মুহূর্ত আসার আগে,
উত্তেজনার সাথে ভয় মিশে থাকে।
মেঘ এসে সূর্যকে না ঢাকে।
চলেছি দীর্ঘ পথ, সকলেরই নিশানা,
মেলাপ্রাঙ্গণ কলম্বিয়া, সাউথ ক্যারলিনা,
নাসা দিয়েছে গ্রহণ দেখার এই ঠিকানা।
মেলাপ্রাঙ্গণে হবে পূর্ণগ্রাসের বৈজ্ঞানিক নিরীক্ষা,
কি রহস্য লুকিয়ে সেথা জানাবে তার পরীক্ষা।
এক শতাংশ কমেতেই নষ্ট যার সৌন্দর্য মহিমা,
আকাশ পাতাল তফাৎ হয় থাকে না তার সীমা।
বাইশ বছর আগের অজানা অপূর্ণ সে দর্শন,
ভাগ্যে থাকলে পূর্ণ হবে, এই করেছি মন।
কলম্বিয়ায় দেখা যাবে পূর্ণগ্রাস সূর্য গ্রহণ,
চলেছি তো চলেইছি, আর কতক্ষণ?
রাস্তায় চলেছে গাড়ির পরে গাড়ি,
যে দিকে তাকাও ভিড় আছে ভারি।
গ্রহণ লাগা শুরু হলে একটা পনেরো মিনিটে,

উত্তেজনায় কালো চশমায় দেখি সূর্যদেবকে।
সূর্যের যে অংশটা রাহু এনেছে নিজের দখলে,
সেখানে সব অন্ধকার, অবাক হই সকলে।
মহাদ্যুতিম সূর্যদেবের দুরবস্থা দেখে,
মনের মধ্যে কষ্ট জেগে থাকে।
তার পরাজয় হলে হবে সমূহ বিপদ,
পুরাণের রাহু যেন মস্ত আপদ।
অমৃত না পেয়ে রাহু প্রতিহিংসা-পরায়ণ,
সূর্যকে সে গিলেই খাবে এই তার পণ।
সে কি পালন করতে পারবে তার কথা?
বিষ্ণুর সুদর্শন চক্রে আলাদা যে দেহ আর মাথা।
তবুও কালো হল সূর্যদেবের সারা শরীর,
সূর্যদেব আর নেই, এটা কি হল পৃথিবীর?
দিনের আলো নিভে গেল, সূর্য গেল পাটে,
সন্ধ্যার আঁধারে এবার না জানি কি ঘটে।
আঁধার দেখে উড়ে গেল একঝাঁক পাখি,
মনে হল ঝিঁ ঝিঁ পোকার ডাক শুনলাম নাকি?
সূর্যদেবের গোলাকার আগুনঝরা মূর্তি,
খাপে খাপে এঁটে দিল কালো এক চাকতি।
অদৃশ্য সূর্যদেব তবু দেখি চাঞ্চল্যহীন,
ছিন্নমাথা রাহুর কথায় রয়েছে ভয়হীন।
অন্ধকার বলয় ভেদ করে আত্মপ্রকাশের সূচনা,
কালো চাকতির চারপাশে লাল আলোর নিশানা,
মুহূর্তেই ঘটে গেল, নাম তার করোনা।
কালো চশমা পরে যখন দেখি সেই আলো,
অবাক হয়ে ভাবি তখন এটা কি হলো?

দীপ্তি চক্রবর্তী

তবে কি সেটা সূর্যদেবের রক্তচক্ষু পাহারা?
ইঙ্গিতে যা পাঠিয়ে দিল ভরসার চেহারা।
নিজের ক্ষমতায় আছে যার অগাধ বিশ্বাস,
করোনার সোনালি আলোয় দেখি তারই প্রকাশ।
সকলেই হয়ে গেল একেবারে স্তব্ধ
কথা নেই মুখে নেই কোন শব্দ।
হঠাৎ মনে হল, কিছু যেন এল উড়ে,
সূর্যদেব কোন বার্তা আকাশে দিল ছুঁড়ে?
খালি চোখেই দেখি সেটা এক ডায়মন্ড রিং,
সন্ধ্যার আকাশে ওই করছে ঝিকমিক।
রজতশুভ্র হিরের অপূর্ব এক আংটি,
ঝিকিমিকি আলোয় ভরিয়ে দিল মুহূর্তটি।
অলৌকিক আর অসাধারণ তার দ্যুতি,
যেন অদৃশ্য সূর্যদেবকেই করছে আরতি।
মাত্র কিছুক্ষণ তার অবস্থিতি।
সে এক অপার্থিব সৌন্দর্য,
অপূর্ব আর আশ্চর্য।
সার্থক গ্রহণ দর্শন, সার্থক সে দিনের আসা।
তমোনাশক সূর্যদেবের মুক্তি হবে এই যা ভরসা।
ঘণ্টা দেড়েক পরেই হল সূর্যদেবের মুক্তি,
পৃথিবী পায় স্বস্তি, আর বিজ্ঞান দেয় যুক্তি,
অমাবস্যার দিনে সূর্য আর পৃথিবীর মাঝখানে,
চাঁদের গতিপথের অবিস্থিতি থাকলে এক লাইনে,
ঘটবেই ঘটবে সূর্যের বলয় গ্রাস,
এর মধ্যে নেই কোন গল্প কথা, নেই কোন ত্রাস।
আছে শুধু এক অপার্থিব সৌন্দর্য উপভোগের আশ্বাস।

**নীড়ের মায়া**

## সূর্যোদয়ের দেশে মানসভ্রমণ

আমার ছেলে চাকরিসূত্রে অনেকবার জাপানে গিয়েছে। কিন্তু ২০১৮ সালের জুলাই মাসে যখন আমার নাতির স্কুলে গরমের ছুটি চলছে, সেই সময় সে ঠিক করল যে ওদের জাপান দেখাতে নিয়ে যাবে। দশ দিন পরে বৌমা আর নাতি আগে ফিরে আসবে আর ছেলে তার অফিসের মীটিং সেরে তিনচার দিন পরে ফিরবে। বৃদ্ধ বয়সে অসুস্থ শরীরে অল্প সময়ের জন্য দূরদেশে যাতায়াত শরীরে সহ্য হবে না, তাই আমি থেকে গেলাম। ওরা ফিরে এলে ওদের মুখ থেকে গল্প শুনে, ছবি দেখে আর বিভিন্ন দর্শনীয় স্থানের ছবি সমেত প্রচার পুস্তিকা পড়ে আমার যে উপলব্ধি হয়েছে তাই এখানে লিখলাম।

জাপানের আর এক নাম নিপ্পন যার অর্থ দি কান্ট্রি অফ দি রাইজিং সান বা সূর্যোদয়ের দেশ। পৃথিবীর পূর্ব দিগন্তে এশিয়ার মধ্যে জাপানেই প্রথম সূর্যোদয় হয়। ধীরে ধীরে পূর্ব দিকের সকল দেশকে আলোকিত করে সূর্যোদেব পশ্চিম দিকে যাত্রা করেন। তাই পূর্বদিকে তখন অন্ধকার অর্থাৎ রাত্রি আর পশ্চিম দিকের দেশে তখন দিন। জাপানিরা সুন্দরের পূজারি। দেশের কোথাও এতটুকু আবর্জনা নেই, এমনকি একটা আধ খাওয়া সিগারেটের টুকরো বা ছেঁড়া কাগজ রাস্তার কোথাও দেখতে পাওয়া যায় নি। বউমা তো অবাক। ওরা আমেরিকায় থাকে, সে দেশ আমাদের দেশের চেয়ে অনেক পরিষ্কার পরিচ্ছন্ন তবুও রাস্তাঘাটে কিছু কিছু নোংরা থেকে যায়। এখানে তাও দেখা যাচ্ছে না। অনেক বড় বড় বিল্ডিং বা

দীপ্তি চক্রবর্তী

স্কাইস্ক্রেপার ওরা এদেশে এসে দেখেছে কিন্তু টোকিওতে যে কত অসংখ্য আকাশচুম্বী বিল্ডিং, কত অসংখ্য ব্রিজ, এরিয়া যে কি বিরাট দেখেছে তা বলে শেষ করতে পারছে না।

জাপানিদের বিনয়, নিষ্ঠা আর সততার কথা সর্বজনবিদিত। ওরা সেসব গুণের সাক্ষাৎ পরিচয় ওদেশে গিয়ে ভাল করে পেয়েছে। এমন বিনয় আর সদা হাস্যময় মুখ দেখলে যে কোন মানুষের মন ভাল হয়ে যায়। শিক্ষা শিল্প সংস্কৃতি সর্বত্র ওদের নিজস্ব ঐতিহ্য ও রুচি বোধের পরিচয় ছড়িয়ে আছে। এই প্রসঙ্গে তিনটি বিষয় উল্লেখ করতে চাই। এক তাদের টি সেরিমনি বা চা উৎসব এবং দুই বনসাই গাছের সৃষ্টি আর তাদের ফূল সাজাবার পদ্ধতি। সারা বিশ্বে এখন অধিকাংশ লোক চা খায়। কিন্তু চা উৎসবের সমাবেশে চা তৈরি থেকে চা খাওয়া শেষ হওয়া পর্যন্ত জাপানিদের যে নিজস্ব সংস্কৃতি ও রুচিবোধের পরিচয় পাওয়া যায় সেটা ওরা নিজের চোখে দেখেছে। সে জিনিস কোথাও দেখা যায় না। আর বনসাই গাছ, সেটা জাপানিদের একটা বিস্ময়কর শিল্প সৃষ্টি। বট অশ্বত্থ গাছের মতো বড় বড় গাছকে দুই বা তিন ফুটের মধ্যে পূর্ণাঙ্গ গাছের সমস্ত বৈশিষ্ট্য বজায় রেখে বাঁচিয়ে রাখা এক অভাবনীয় সৃষ্টি। এছাড়া তাদের ফুল সাজাবার পদ্ধতির নাম ইকেবানা যার মধ্যে তাদের নিজস্ব শিল্পীমনের পরিচয় ফুটে ওঠে। তবে আত্মগত ও আত্মকেন্দ্রিক জাপানিরা ১৬০৩ খ্রিস্টাব্দে স্বেচ্ছা নির্বাসন গ্রহণের দীর্ঘ ২৫০ বছর পর আমেরিকা সহ অন্যান্য দেশের চাপে ১৮৫৩ খ্রিস্টাব্দে বাধ্য হয়ে বহির্বিশ্বে জাপানকে উন্মুক্ত করে দেয় এবং সগুনেট-দের ফিউডাল শাসনের পতন ঘটিয়ে ১৮৬৮ সালে রাজাকে ক্ষমতায় প্রতিষ্ঠিত করে। কারণ বিচ্ছিন্ন জাপান

বুঝতে পারে যে বিশ্ব সংসারের নানান অগ্রগতি থেকে নিজেকে দূরে সরিয়ে রেখে নিজেরাই দুর্বল হয়ে পড়েছে। তাই সম্রাট মুতসুহিত-র (১৮৬৮-১৯১২) শাসনকালের শুরু, নাম মেইজি রুল বা (এনলাইটেনড রুল)। জাপান তখন থেকে আধুনিক শিক্ষায় শিক্ষিত হয়ে শক্তিশালী ও উন্নত দেশ হিসাবে নিজেদের তৈরি করে বিদেশিদের সঙ্গে ব্যবসা বাণিজ্য করছে। এখনো তারা নিজেদের কিছুটা গুটিয়ে রেখেছে। বিদেশিরা চাকরি সূত্রে সেদেশে বসবাস করতে পারে, সব রকম সুযোগ সুবিধা পায়, কিন্তু নাগরিকত্ব পায় না। জন্ম সুত্রেও নাগরিকত্ব লাভ করা যায় না। এ যেন বারমহলে সকলের সাদর আমন্ত্রণ, কিন্তু ভিতর মহলে কারুর প্রবেশের অধিকার একেবারে নেই। সেখানে তারা নিজেরাই একছত্র অধিপতি। তাই হয়ত জাপানিরা সর্বত্র নিজেদের ঐতিহ্য ও রুচিবোধ অক্ষুণ্ণ রাখতে পেরেছে। ওদের কাছে কাজের কোন ছোটবড় ভেদ নেই। যত সামান্য কাজই হোক না কেন, নিষ্ঠার সঙ্গে মন দিয়ে সেটা করে। তারা অত্যন্ত বিশ্বস্ত। জাপান খুব স্বল্প সংখ্যক দেশের মধ্যে একটি দেশ যেখানে ছিনতাই, রাহাজানি, পকেটমার বা ঠকবাজের কোন ভয় নেই। পরম নির্ভয়ে ছেলেমেয়ে দিনেরাতে যেখানে খুশি স্বাধীনভাবে চলাফেরা করতে পারে। ভাবতে অবাক লাগে। রাস্তায় একটু দূরে দূরে পথিকদের জন্য ভেন্দিং মেশিনে পানীয় জল বা খাদ্যদ্রব্য মজুত থাকে। পয়সা ফেললেই পাওয়া যায়। এমনকি যে কোন হোটেলে ভেন্দিং মেশিনে ইন্টারন্যাশনাল কারেন্সি এক্সচেঞ্জের ব্যবস্থা আছে। এছাড়া জাপানিরা খুব সময়নিষ্ঠ ও নিয়মনিষ্ঠ।

জাপানের প্রাচীন ধর্ম শিন্টো। ষষ্ঠ শতাব্দীতে ভারতের ছিন্নমূল বৌদ্ধধর্মের প্রচারকগণ যখন জাপানে সেই ধর্ম প্রচার করতে যান, তখন শিনটো ধর্মের পাশে বৌদ্ধধর্মও স্থান পায় এবং যথেষ্ট সমাদর লাভ করে। সেই সময় থেকে শিনটো আর বৌদ্ধ এই দুই ধর্ম জাপানে প্রধান ধর্মের মর্যাদা লাভ করে। কনফুসিয়াস ধর্মাবলম্বী লোকেদের সংখ্যাও এখানে খুব কম নয়। এছাড়া ক্রিশ্চান ও মুসলিম ধর্মাবলম্বীরা অল্প হলেও, সেখানে আছে। প্রধানত শিনটো ও বৌদ্ধ এই দুই প্রাচীন ধর্ম উভয়ের মধ্যে সমন্বয় সাধন করে শান্তিপূর্ণ সহাবস্থানের মধ্য দিয়ে এগিয়ে চলেছে। বউমা জানিয়েছে, ওখানকার এক গাইডের মতে শিনটোকেই তারা ধর্ম হিসাবে পালন করে আর বৌদ্ধধর্মের নির্দেশগুলিকে জীবনের অবশ্য পালনীয় কর্তব্য বলে মনে করে। জাপানে মন্দির বা টেমপ্লকে বলে প্যাগোডা। ভারত, ব্রহ্মদেশ, চিন প্রভৃতি দেশেও মন্দির বা পবিত্র স্থানকে প্যাগোডা বলে। সম্ভবত পর্তুগীজ শব্দ পাগোডে থেকে এসেছে। এগুলি বিজোড় সংখ্যায় হয়। প্রাচীন প্যাগোডা সাত তলা পাঁচ তলা উঁচু আর বৌদ্ধ প্যাগোডা তিন তলা উঁচু। জাপানে ওরা গোল্ডেন প্যাগোডা দেখেছে, খুব সুন্দর লেগেছে। ছবি তুলেছে আর আমার জন্য সেই বই এনেছে, শুধু তাই নয় আমার নাতি আমার জন্য গোল্ডেন প্যাগোডার একটা বুক মার্ক এনেছে। আমি দারুণ খুশি। নাতির আনা ছবির বই থেকে সঞ্জুসনগেনদো টেম্পলের ছবি দেখে বৌদ্ধধর্ম সেখানে কতটা সমাদৃত হয়েছিল তার কিছুটা পরিচয় পেলাম। বইতে দেখলাম, কান্নন (দি মারসিফুল গডেস অফ পিস), প্রিন্সিপাল ইমেজ কান্নন বোধিসত্ত্ব, দি ওয়ান থাউজানড স্ট্যান্ডিং ইমেজেস অফ থাউজানড আর্মড কান্নন, ওপেন মাউথড লাফিংফেস,

ওয়ান থাউজানড আইস, এইসব ভাস্কর্যের ছবি। বিভিন্ন রাজার রাজত্বকালে বিভিন্ন বৌদ্ধ ভক্ত ভাস্করেরা এগুলি নির্মাণ করেছে। প্রাচীনকালে দেবতাদের তুষ্ট করার জন্য হিন্দু ধর্মের মধ্যে পশুবধ ও বহু ব্যয়সাধ্য যাগযজ্ঞের যে আড়ম্বরপূর্ণ প্রথার প্রচলন ছিল তার বিরুদ্ধতা করেই সহজ সরল বৌদ্ধ ধর্মের উৎপত্তি। স্বাভাবিকভাবে হিন্দুধর্মের অনেক প্রাচীন দেবদেবী বৌদ্ধধর্মের মধ্যে অঙ্গীভূত ছিল। তাই সেসব দেবদেবীর ভাস্কর্য বা প্রতিমূর্তি ওখানকার অনেক টেম্পলে বা মন্দিরে আছে। সেসব ছবি ওখান থেকে আনা পুস্তিকায় দেখলাম। ছবিগুলির নাম হল যথাক্রমে ফুজিন(বায়ু/স্ট্যাচু অফ থানডার গড এন্ড উইন্ড গড), কনপিরা(কুম্ভির), কিন্নারা(কিন্নর), (আশুরা/অসুর)(সাঞ্জিতাইশ/সঞ্জয়), (মিশাকঙ্গ/বজ্রপানি), (তহতেন/ধৃতরাষ্ট্র),(বিরুবাকুশা/বিরুপাক্স)(কারুরা/গরুড়)(নারীন কেঙ্গ/নারায়) ইত্যাদি।

জাপানে গিয়ে ওরা জাপানি খাবার খেয়েছে। এখানে আমিও জাপানি খাবার সুসি খেয়েছি, যদিও সেটা কাঁচা মাছের নয়, রান্না করা। খারাপ লাগে নি। ওদেশে মাছ বা মাংস কাঁচা বা রান্না করা দুরকম অবস্থায় পাওয়া যায়। সেসব খেতে ভালই। তবে সেদেশে ভারতীয় রেস্টুরেন্টে, যদিও কোন ভারতীয় হাতের নয়, জাপানিদের হাতে রান্না কারি খেতে যে কত অপূর্ব লেগেছে তা নাকি বুঝিয়ে বলতে পারবে না। শুধু সুস্বাদু নয়, খাওয়ার সময় প্রতিটি মশলার সুগন্ধে মন ভরে উঠছিল। সেখানে ওরা লাভা প্লেট নামে রান্নার পাত্র দেখেছে। ভূমিকম্পের দেশ জাপান। জীবন্ত আগ্নেয়গিরি সেখানে এখনো আছে। তাই ওরা লাভা প্লেটের রান্না খাবার খেতে পেয়েছে। খেতে খারাপ লাগে নি। নাতির কাছ থেকে জানতে

পারলাম যে জাপানে হাকোনে নামে এক পার্কে মাটি থেকে আয়রন মেশানো গরম জলের সঙ্গে সালফার ডাই-অক্সাইড গ্যাস উঠে আসে। তাকে সালফার স্প্রিং বলে। সেই সালফার ও আয়রন মেশানো জলে ডিম সিদ্ধ করলে ডিমের খোলা কালো হয়ে যাচ্ছে কিন্তু ভেতরে কোন পরিবর্তন নেই এমনকি কুসুম হলুদ থাকছে এবং খেতেও স্বাভাবিক লাগছে। সেখান থেকে প্লাস্টিকের খেলনা কালো ডিম এনেছে যেটা টিপলে হলুদ কুসুম বেরিয়ে পড়ছে। কিন্তু প্লাস্টিকের ডিম, তাই খেয়ে বোঝা যাবে না এই যা দুঃখ।

টোকিও ছাড়া কিয়টো, ওসাকা আর হিরোশিমায় গিয়েছে। বুলেট ট্রেনে চেপেছে। আর গরমের ছুটিতে গেছে বলে প্রচণ্ড গরমে কষ্ট পেয়েছে কারণ তাপমাত্রা অত্যধিক আর দেখার জন্য রোদ্দুরে বাইরে বাইরে ঘুরতেই হয়েছে। কিয়টোতে বিশাল রাজপ্রাসাদ দেখেছে, যেখানে কারুর প্রবেশাধিকার নেই, শুধু রাজা রানি থাকে। তাদের দেখাশুনা করতে প্রায় পাঁচ ছয়শত রাজকর্মচারী প্রাসাদের বাইরে বিভিন্ন বাড়িতে সদা সতর্ক থাকে। কিয়োটো রাজপ্রাসাদ শুধু যে সম্রাট কোমেই ও তার উত্তরাধিকারী মেইজিদের প্রাসাদ ছিল তাই নয়, মেইজি রেস্টোরেসনের সময় অনেক উল্লেখযোগ্য ঐতিহাসিক ঘটনা এখানেই ঘটেছিল। বর্তমানে কিয়োটো রাজপ্রাসাদ ১১ হেক্টর জমির ওপরে ৪৫০ মিটার উত্তর দক্ষিণে আর ২৫০ মিটার পূর্ব পশ্চিমে আয়তক্ষেত্রাকারে বিস্তৃত। কিয়োটো রাজপ্রাসাদ প্রায় হাজার বছর ধরে জাপানের রাজধানী ছিল এবং রাজাদের স্থায়ী বাসস্থান ছিল। তাই নতুন রাজা এখানেই সিংহাসনে আরোহণ করতেন। কিন্তু ১৮৬৯ খ্রিস্টাব্দে যখন টোকিও তে রাজধানী স্থানান্তরিত হয়, তখন রাজার সিংহাসন কিয়োটোতে রেখে দেওয়া

হয়। ওদের মুখে শুনেছি, নতুন রাজার সিংহাসনে আরোহণের সময় সেটিকে কিয়টো থেকে টোকিও-তে নিয়ে আসা হয়। উৎসব অনুষ্ঠান মিটে গেলে সেই সিংহাসন আবার কিয়োটো রাজপ্রাসাদে রেখে আসা হয়। রাজা ও রানি উভয়ের সিংহাসনের গঠনশৈলী একইরকম, তবে রানির সিংহাসন রাজার চেয়ে আকারে দশ শতাংশ ছোট। নিজোজো ক্যাসেলও ৪০০ বছর ধরে জাপানের অনেক ঐতিহাসিক ঘটনার সাক্ষী আবার এই ক্যাসেলই উনবিংশ শতাব্দীর দ্বিতীয়ার্ধে ফিউডাল শাসনের সমাপ্তি ও আধুনিক জাপানের উত্থানেরও সাক্ষী। ১৮৬৮ সালে রাজা অর্থাৎ রাজতান্ত্রিক সরকারের হাতে শাসনক্ষমতা এখনেই অর্পিত হয়। গাইডের কাছ থেকে জেনেছে যে রাজা রানিকে তারা দেবতার চোখে দেখে। প্রথম যে পুরুষ ও মহিলা এখানে আসেন তাঁদের বংশধররা পরম্পরাক্রমে রাজা হয়ে আসছেন। এর কোন অন্যথা হয় না। ওসাকাতে গিয়ে ওরা ওসাকা ক্যাসেল মিউজিয়ম দেখেছে। ওসাকার নয় তলার অবজারভেসন ডেকে উঠলে ওসাকা ক্যাসেল পার্ক ও অন্যান্য জায়গার নৈসর্গিক দৃশ্য খুব সুন্দর দেখা যায়। ওসাকার এক্সজিবিশন রুমে অনেক ঐতিহাসিক দ্রষ্টব্য জিনিস দেখা যাবে, বড় বড় যোদ্ধাদের নাটকীয় গল্প জানা যাবে। ওসাকা ক্যাসেল মিউজিয়ামে বিভিন্ন সময়ে তিন মিনিটের ঐতিহাসিক ঘটনার শো দেখানো হয়। সেই সব শো ওরা দেখেছে। প্রথমবারে অবশ্য ওদের কোণাকৃতি অপূর্ব সুন্দর মাউন্ট ফুজি দেখা সম্ভব হয় নি। এখনো এটি জীবিত আগ্নেয়গিরি এবং শিনটো ধর্মাবলম্বীদের কাছে অতি পবিত্র। প্রকৃতি বিরূপ থাকলে দর্শন সম্ভব হয় না, অনেকটা আমাদের দেশের টাইগার হিলে সূর্যোদয় দেখার মতো। যাইহোক, শেষদিকে মাউন্ট ফুজি দর্শন

**দীপ্তি চক্রবর্তী**

সার্থক হয়েছে। দুপাশে পাহাড়, ঠিক মাঝখানে এদের ছাড়িয়ে মাথা তুলে দাঁড়িয়ে আছে কোণাকৃতি মাউন্ট ফুজির উঁচু সমতল ভুমি। সে এক অপূর্ব দৃশ্য, খুব ভাল লেগেছিল।

এবার হিরোশিমা। দ্বিতীয় বিশ্বযুদ্ধে জাপান যখন পার্ল হারবার আক্রমণ করে, তাকে রুখতে ৬-ই আগস্ট ১৯৪৫ সালে আমেরিকা হিরোশিমাতে এটমবোমা ফেলে। মুহূর্তেই সমস্ত শহর ধ্বংস হয়ে যায়। যুদ্ধ থেমে গেলে, সেই ধ্বংসপ্রাপ্ত শহরের একটা অংশ অবিকল সেই অবস্থায় রেখে ওয়ার্ল্ড হেরিটেজ হিসাবে সংরক্ষিত করা হয়েছে। বাকি শহরটার ধ্বংসস্তূপ সরিয়ে আবার নতুন করে তৈরি করা হয়েছে। ওরা সেই হেরিটেজ বিল্ডিং দেখেছে। ছেলের চোখে জল এসে গিয়েছিল এত ভয়ানক করুণ দৃশ্য। বিভিন্ন ছবি সমেত একটা পুস্তিকা সঙ্গে করে এনেছে। যুদ্ধের সময় আমি যদিও খুব ছোট তবুও সাইরেন, বোমাতঙ্ক এখনো মনের মধ্যে যেন একটা ভীতির সঞ্চার করে। জাপানে গিয়েও দ্বিতীয় বিশ্বযুদ্ধে বিমান দুর্ঘটনায় নিহত আমাদের দেশের গর্ব নেতাজির চিতা ভস্ম টোকিও-র রেঙ্কোজী মন্দিরে যেখানে রাখা আছে মন্দিরটি সেই সময় বন্ধ থাকায় ওদের দেখা সম্ভব হল না। গাইড জানিয়েছে, মাটি থেকে অনেক উঁচুতে বোমা ফেলা হয়েছিল, তাতেই সমস্ত শহর নিমেষে ধ্বংসপ্রাপ্ত হয়। যারা কোনভাবে বেঁচে যায়, তারা চিরজীবনের মতো পঙ্গু হয়ে যায়। একটা ছবি দেখছি লেখা রয়েছে, সেনোটাপ ফর দি এটম বোম ভিক্টিমস (হিরোশিমা পিস সিটি মনুমেন্ট)। এখানে প্রতি বছর এটম বোমায় নিহতদের স্মৃতির উদ্দেশ্যে স্মরণ সভা হয় এবং বিশ্বশান্তি রক্ষার শপথ গ্রহণ করা হয়। ছবিতে দেখছি এখানে প্রচুর পিস মেমোরিয়াল আর পিস

নীড়ের মায়া ২৭

টাওয়ার আছে। মনুমেন্ট অফ প্রেয়ার যার পদতলে গিয়ে দাঁড়ালে পিছনে 'মে দি সোলস স্তে কাম' এই সুর প্রতিধ্বনিত হবে। স্ট্যাচু অফ প্রেয়ার ফর পিস, পিস ক্লক টাওয়ার, লান্তারন অফারড অন দি ওয়াটার ফর দি পিসফুল রেস্ট অফ দি স্পিরিট। অন্ধকার রাত্রে এই লণ্ঠনগুলি যখন জলের ওপর দিয়ে ভেসে যায়, তখন তার প্রতিফলিত আলোয় চারিদিক সুন্দর দেখায়। এই সব ছবিও দেখলাম। মনে হল এত মানুষের আন্তরিক শান্তি কামনা নিশ্চয় সফল হবে। আমেরিকা দ্বিতীয় বিশ্বযুদ্ধ শেষ হতেই স্থায়ীভাবে বিশ্বশান্তি রক্ষার উদ্দেশ্যে দি ইউনাইটেড নেশনস অফ অর্গানাইজেশন অথবা সংক্ষেপে ইউ এন ও প্রতিষ্ঠা করেছে। অন্যান্য দেশের সঙ্গে জাপানও বিশ্বশান্তি রক্ষার জন্য সেখানে যোগদান করেছে। এখন সকলের একমাত্র প্রার্থনা "হিংসায় উন্মত্ত পৃথ্বি"তে বুদ্ধের অহিংস বাণী দিকে দিকে শান্তি রক্ষা করুক। শান্তির এই আশা নিয়ে সূর্যোদয়ের দেশে মানসভ্রমণ এখানেই শেষ করলাম।

## নিউ ইয়র্ক ভ্রমণ

আমেরিকায় বেশ কয়েকবার ছেলের কাছে এসেছি। অনেক দ্রষ্টব্য স্থানে ঘুরেছি। নিউ ইয়র্কেও গিয়েছি। টাইম স্কোয়ারে চলমান জনস্রোতের মধ্যে বাংলা কথাবার্তার টুকরো কানে যে মধু বর্ষণ করেছে দেশে থাকতে মনের মধ্যে সে অনুভূতি কখন জাগে নি। দূরত্বের কী অপূর্ব মহিমা। মনে পড়ল বিখ্যাত কবিতার একটা লাইন, "মোদের গরব, মোদের আশা,/আ-মরি বাংলা ভাষা"। চলতে চলতে মাদাম তুসোর ওয়াক্স বা মোমের মিউজিয়ামকে তখন দূর থেকে দেখেছিলাম। ভেতরে যাওয়া হয়নি। সেই রকম অনেক কিছুই দেখা হয় নি। এই সব অতৃপ্ত বাসনা পূর্ণ করতে নাতির স্প্রিং ব্রেকের ছুটিতে ছেলে বউ নাতি আর আমি এই চারজনে নিউ ইয়র্ক ভ্রমণে বেরিয়ে পড়লাম।

৯ই এপ্রিল ২০১৭ সাল রবিবার ভোরবেলায় আমাদের যাত্রা হল শুরু। টাইম স্কোয়ারের ম্যারিয়ট হোটেলের তিরিশ তলায় আমাদের ঘর বুক করা ছিল। রবিবার যাত্রা আর মঙ্গলবার ফিরে আসা। দু রাত্রি হোটেলে থাকব আর সারাদিন ঘুরেঘুরে সব কিছু দেখব। পথে যেতে যেতেই ব্রেকফাস্ট কিনে গাড়িতে বসে খেলাম। আবহাওয়া ভাল থাকায় আমার খুব ভাল লাগছিল। গাড়ি করে যাওয়ার সময় বাইরের দৃশ্য, সে পথে যতবার যাই না কেন, সে সবের চলমান টুকরো টুকরো ছবি দেখতে আমার খুব ভাল লাগে।

লিঙ্কন টানেলের মধ্য দিয়ে আমরা টাইম স্কোয়ারে ঢুকলাম। সকাল দশটায় চেক-ইন। তিন-চার ঘণ্টা ড্রাইভ করে যখন হোটেলে

পৌঁছলাম, তখন আমাদের ঘর পাওয়া গেল না। তাই লাগেজগুলো হোটেলের জিম্মায় রেখে আমরা গেলাম মাদাম তুসোর ওয়াক্স বা মোমের মিউজিয়াম দেখতে। আগের বার দূর থেকে মিউজিয়ামের সামনে রাস্তার দিকে দুজন মানুষকে অনেকক্ষণ ঠায় দাঁড়িয়ে থাকতে দেখেছিলাম। তারা যে মোমের পুতুল সেটা শুনেও ঠিক বিশ্বাস করে উঠতে পারি নি। এবার ভেতরে ঢুকে তো সত্যি অবাক। কিছু দূরে একজন পিয়ানো বাদক পিয়ানোয় হাত রেখে বসে আছে যেন এখনি বাজাবে। ছেলে যখন তাকে দেখাল তখন বুঝতেই পারি নি যে সে মানুষ নয়, মানুষের জীবন্ত মূর্তি।

মাদাম তুসো একজন ফরাসি মহিলা। ১৭৭৭ সালে তিনি ভালতেয়ারের একটি মোমের ভাস্কর্য মূর্তি প্রথম তৈরি করেন। পরের বছরে অর্থাৎ ১৭ বছর বয়সে ভারসাই-এর রাজপ্রাসাদে রাজা ষোড়শ লুই-এর বোন মাদাম এলিজাবেথের আর্ট টিউটর হন। এছাড়া দেশবিদেশের অনেক বিখ্যাত লোকের যেমন বেঞ্জামিন ফ্রাঙ্কলিন এবং রুশো প্রভৃতির মোমের ভাস্কর্য তৈরি করেছিলেন। পরে সেগুলি দেশবিদেশে খুব জনপ্রিয় হয়। এতদিন বিখ্যাত মানুষদের ছবি বা কাঠ ও পাথরের তৈরি মূর্তি দেখেছি। আজ ওয়াক্স পদ্ধতিতে তৈরি এত জীবন্ত মূর্তি দেখে বিস্ময়ের সীমা হারিয়ে ফেললাম। সকলের নাম বলতে পারব না। যাঁদের বহুবার ছবিতে দেখেছি, তাঁদের মধ্যে অনেকের নাম এখন মনে পড়ছে। তাঁদের মধ্যে হলেন আলবার্ট আইনস্টাইন, মাদাম কুরী, ফিদেল কাস্ত্রো, মহাত্মা গান্ধী, অমিতাভ বচ্চন, শাহরুখ খান, বারাক ওবামা ও মিশেল ওবামা ইত্যাদি। মহাত্মা গান্ধীকে ১৯৪৮ সালের জানুয়ারি মাসে তাঁর মৃত্যুর কিছুদিন আগে মাত্র ন' বছর বয়সে দেখেছিলাম।

সেদিন অনেকের মতো আমিও গাড়ির জানালার মধ্য দিয়ে মাথা গলিয়ে তাঁকে গায়ে সাদা চাদর, হাঁটু পর্যন্ত কাপড়, দুকানে আঙুল দেওয়া, মাথা নিচু করে বসে থাকা অবস্থায় দেখেছিলাম বাড়ির সামনের বড় রাস্তায়, আর চারিদিকের জনতা 'গান্ধীজী কি জয়' বলে স্লোগান দিচ্ছে। কিন্তু কেন যে তিনি ঐরকমভাবে বসেছিলেন, তার উত্তর পেলাম বাড়ি ঢুকে মায়ের কাছে। মা বলল যে তিনি নিজের জয়ধ্বনি নিজের কানে শুনবেন না কারণ প্রশংসা শুনলে অহংকার হয়, তাই দুকানে আঙুল দিয়ে মাথা নিচু করে আছেন। গাড়ির ভেতরে বসে থাকার দৃশ্য, সেই স্লোগান যেন এখনও চোখে ভাসে, কানে বাজে। তাই তাঁর মূর্তির পাশে দাঁড়িয়ে ছবি তুলতে আমার খুব আগ্রহ হল। ছবি তুললাম। অনেকে তাদের প্রিয় মূর্তির সামনে দাঁড়িয়ে ছবি তুলতে লাগল। আমার নাতি বউ ছেলে ওরাও তাদের প্রিয় মূর্তির পাশে দাঁড়িয়ে নানা ভাবে ছবি তুলেছে। আমার নাতি তার হাতের কব্জি থেকে তালু পর্যন্ত অংশটা লাইন দিয়ে ওয়াক্স পদ্ধতিতে তৈরি করিয়ে এনেছে। তাতে আবার রং করিয়েছে, যত্ন করে বাড়িতে রেখে দিয়েছে। বিস্ময় ভরা মন নিয়ে ফিরতে ফিরতে বেলা গড়িয়ে গেল। এবার বাইরে থেকে লাঞ্চ সেরে হোটেলে ফিরে এলাম।

সন্ধ্যাবেলা ট্যুরিস্ট বাসে করে সারা নিউইয়র্ক শহর ঘুরে দেখতে গেলাম। দোতলা বাস। মাথার ওপরে কোন ছাউনি নেই। তাতে সবাই চারিপাশ ভাল করে দেখতে পাবে। দু-তিন ঘণ্টার ট্যুর। পায়ের ব্যথার জন্য আমি সিঁড়ি বেয়ে ওপরে উঠতে পারব না। তাই একতলায় একটা ফাঁকা সিটে বসলাম। নীচে কেউ নেই। সবাই দোতলায় উঠে গেছে। আমার ছেলে বউ আর নাতি ওপরে উঠে

গেছে। সারা নিউ ইয়র্ক শহর ঘুরে দেখাবে। বাস চলেছে। কিছুক্ষণের মধ্যে দিনের আলো শেষ হয়ে গেল। অন্ধকার নেমে এল। চারিদিক ইলেকট্রিকের আলোয় ঝলমল করে উঠল। একে তো নিউইয়র্ক শহরে অনেক উঁচু উঁচু বাড়ি, তায় রাস্তায় সবসময় চলমান জনস্রোত। বাস তো দ্রষ্টব্য স্থানগুলো দেখাবে বলে নিয়ে যাচ্ছে, তাই ধীর গতিতে চলেছে। দ্রষ্টব্য স্থানগুলির বর্ণনা ও বৈশিষ্ট্য মাইকে ঘোষণা করা হচ্ছে। কোন ব্রিজ, কোন রাস্তা, কী দর্শনীয়, সেটা কোন দিকে, সবই বলা হচ্ছিল। ইতিমধ্যে অন্ধকার কেটে গিয়ে সারা শহর আলোকমালায় সেজে উঠল। আলোকোজ্জ্বল শহর, সঙ্গে চারপাশের বর্ণনা শুনতে শুনতে আর দেখতে দেখতে দু তিন ঘণ্টা সময় কোথা দিয়ে যেন কেটে গেল। ইতিমধ্যে অনেকেই ঠাণ্ডা লাগছে বলে ছাদ থেকে নেমে এসেছে। তাই এখন আর আমি একা নই, আশেপাশে অনেক লোক রয়েছে। ইতিমধ্যে সময় দেখি শেষ হয়ে গিয়েছে। সারা সময়টা ছেলে বউ নাতি খোলা ছাদেই কাটিয়ে দিল। এখন তারা নেমে এল। হোটেলের কাছে বাস থেকে নেমে রেস্তরাঁয় ডিনার সেরে ম্যারিয়ট হোটেলের ত্রিশ তলায় উঠে গেলাম। এবার ঘুম। একটা দিন কোথা দিয়ে যে কেটে গেল, বোঝা গেল না।

দ্বিতীয় দিনে যাব ইউনাইটেড নেশনস দেখতে। ইউ-এন-এর কথা উঠলে মনে পড়ে যায় এর পিছনে থাকা দ্বিতীয় বিশ্বযুদ্ধের কথা। এই যুদ্ধ শুরুর সামান্য আগে আমার জন্ম। এই যুদ্ধের মধ্যেই আমার বড় হয়ে ওঠা। সাইরেন, ব্ল্যাক-আউট আর সেই নিশ্ছিদ্র অন্ধকারে ভয়ে জবুথবু হয়ে ঠাকুরমার কোলে মুখ লুকিয়ে বসে থাকা, এইসব কথা মনে পড়ে যায়। এই যুদ্ধে মানব জাতির, মানব

সভ্যতার, সংকট ও অবলুপ্তির সম্ভাবনা দেখা দিয়েছিল। এই রকম ধ্বংসের হাত থেকে ভবিষ্যতে মানব সমাজকে রক্ষা করার উদ্দেশ্যে ও বিশ্বশান্তি বজায় রাখার জন্য প্রতিষ্ঠিত হয় এই ইউনাইটেড নেশনস বা ইউ এন ও। আমেরিকার তৎকালীন প্রেসিডেন্ট ফ্র্যাঙ্কলিন ডি রুজভেল্ট এইরকম একটি প্রতিষ্ঠানের কথা চিন্তা করতে শুরু করেন বিশ্বযুদ্ধ চলাকালীন চরম সংকটের মুহূর্তে। যুদ্ধ শেষে এই ইউনাইটেড নেশনস প্রতিষ্ঠিত হল ঠিকই, কিন্তু অসুস্থ পঙ্গু মানুষটি তাঁর অর্ধেক পিঞ্জরাবদ্ধ শরীর নিয়ে (এফ ডি আর) ততদিন পর্যন্ত অপেক্ষা করতে পারলেন না। ১৯৪৫ সালের ১২ই এপ্রিল মৃত্যু এসে তাঁকে ছিনিয়ে নিয়ে গেল। আর ইউ এন-এর জেনারেল এসেম্বলির প্রথম সভা বসেছিল লন্ডনে ১৯৪৬ সালের ১০ই জানুয়ারি তারিখে। মোট একান্নটি দেশ তখন সেই সভায় প্রতিনিধিত্ব করে।

আজ অর্থাৎ ১০ই এপ্রিল চলেছি সেই ইউ এন ও-এর কার্যালয় দেখতে। যে হোটেলে আছি, শুনলাম তার কাছেই হাঁটাপথে এই কার্যালয়। তাই গাড়ি নেওয়া হল না। শুধু আমি হুইল চেয়ারে বসে, ঠেলে নিয়ে যাচ্ছে আমার ছেলে। নিউ ইয়র্ক মানে রাস্তায় জনস্রোত থাকবেই। সকালের ব্রেকফাস্ট সেরেই আমরা বেরিয়েছি। চারপাশের আকাশ ছোঁয়া বিল্ডিং-এর মধ্য দিয়ে চলেছি। গাড়ি তো আছেই। কার্যালয়ের সামনে দাঁড়িয়ে দেখি ভেতরে লাইন করে বিভিন্ন প্রতিনিধি দেশের পতাকা হাওয়ায় উড়ছে। বর্তমানে মোট একশ তিরান্নব্বইটি দেশ প্রতিনিধিত্ব করছে। তার ভেতর খুঁজে চলেছি আমার দেশের পতাকা। ত্রিবর্ণ রঞ্জিত আমার দেশের পতাকা হাওয়ায় দুলছে দেখে মনে আনন্দ হল। আমার হুইল চেয়ার তাই

লাইনে দাঁড়াতে হল না। হুইল চেয়ার যাওয়ার রাস্তা দিয়ে আমরা ভেতরে ঢুকলাম। ঢুকেই দেখতে পেলাম ইউনাইটেড নেশনস-এর সেক্রেটারি জেনারেলদের ছবিসহ কার্যকালের সময় ইত্যাদি লেখা রয়েছে। তখন অবশ্য ভাল করে দেখার সময় হল না। পরে দেখেছি। আমার ছেলের বন্ধুর ভাই, যিনি উচ্চপদে কর্মরত, তিনি নিজে এসে আমাদের সঙ্গে দেখা করে আন্তরিকতার সঙ্গে অনেকক্ষণ কথাবার্তা বললেন। সবকিছু ঘুরে দেখাবার জন্য আলাদা করে একজন ভাল গাইডের ব্যবস্থা করে দিলেন। যিনি আমাদের গাইড হলেন, তিনি প্রথমে জেনারেল-এসেম্বলিতে নিয়ে গেলেন। কিন্তু নিচের সেই কক্ষে ঢোকার অনুমতি মিলল না। কারণ সেখানে কারো ইন্টারভিউ নেওয়া হবে তার প্রস্তুতি হিসাবে ঘর বন্ধ। তার বদলে ওপরের দিক দিয়ে জেনারেল-এসেম্বলিতে নিয়ে গেলেন। সেখানে গিয়ে নিচের দিকে তাকিয়ে দেখি, অর্ধচন্দ্রাকারে বিশাল জায়গা চেয়ার দিয়ে সাজানো। এগুলো দর্শকদের জন্য রক্ষিত। মেঝে থেকে সামান্য উঁচুতে ইন্টারভিউ নেওয়ার ব্যবস্থা। শুনলাম সেদিন ২০১৪ সালে ১৭ বছরের কনিষ্ঠতম নোবেল বিজয়ী মালালার ইন্টারভিউ। নীচে দু-একজন করে আসা যাওয়া করছে সেসব ওপরে দাঁড়িয়ে দেখতে লাগলাম। সেখানে চেয়ারে বসে ছবি তুললাম। শুধু আমি নয়, আমরা সবাই বসে দাঁড়িয়ে নানাভাবে ছবি তোলার পোজ দিলাম। তবে সেদিন মালালা আসছে শুনে খুব আনন্দ হল। যদিও তাকে কখন চোখে দেখি নি, তার "আই এম মালালা" বইটা পড়েছি। সমাজের অন্যায় আর অবিচারের বিরুদ্ধে তার প্রতিবাদের সাহসিকতা, বিবেকবোধ, চিন্তার সচ্ছতা থেকে এটুকু বুঝতে পেরেছি যে পরিণত, সংবেদনশীল মানসিকতা, চিন্তার গভীরতা শুধু যে

বয়সের সঙ্গে বাড়ে, তা নয়, অল্প বয়সেও অনেকের মধ্যে থাকে। মালালা সেই বিরল জনেদের মধ্যে একজন। শুধু অন্যায়ের প্রতিবাদই নয়, নারীশিক্ষার অধিকার আদায়ের জন্য তার সরব কণ্ঠস্বর ২০১২ সালে মাত্র পনেরো বছর বয়সে তালিবানের গুলিতে তার জীবনকে মৃত্যুর দিকে ঠেলে দিয়েছিল। সেই মালালার ইন্টারভিউ হবে শুনে নারী হিসাবে গর্ব আর আনন্দ দুইই হয়েছিল।

সিকিউরিটি কাউন্সিলের বড় অধিবেশন কোন ঘরে হয় সেটা দেখলাম। আরও জানলাম যে বিশেষ বিশেষ প্রয়োজনে ছোট ছোট কক্ষে রুদ্ধদ্বার অধিবেশন হয়। সেইরকমই কয়েকটি ঘরের সামনে ক্লোজড শব্দটা লেখা দেখতে পেলাম অর্থাৎ সেখানে রুদ্ধদ্বার অধিবেশন চলছে। এই সিকিউরিটি কমিটির অধীনে মিলিটারি স্টাফ কমিটি গঠিত যারা পৃথিবীর যে কোন জায়গায় যে কোন রকম আগ্রাসনের ঘটনা ঘটলে আন্তর্জাতিক মিলিটারি সংস্থাকে সাহায্য করবে। দি হেগ-এ অনুষ্ঠিত ইন্টার ন্যাশনাল কোর্ট অফ জাস্টিসের মধ্যে দ্বিতীয় বিশ্বযুদ্ধ পূর্ববর্তী লিগ অফ নেশনস-এর বৈশিষ্ট্য বজায় রাখা হল। এছাড়া ইউনাইটেড নেশনস ইন্টারন্যাশনাল চিলড্রেনস এমারজেন্সি ফান্ড বা ইউনিসেফ গঠিত হল ১১ই ডিসেম্বর ১৯৪৫ সালে। ২য় বিশ্বযুদ্ধে ইউরোপ ও এশিয়ার সর্বস্বান্ত অসহায় মা ও শিশুদের প্রয়োজনে সর্বপ্রকার সাহায্য করার জন্য এই ফান্ড তৈরি করা হল।

এবার একটা ঘরে গেলাম যেখানে বিভিন্ন দেশ থেকে পাঠানো নানা উপহার সামগ্রী সাজানো রয়েছে। ইরান পাঠিয়েছে তার দেশের রুক্ষ বালুকাময় প্রাকৃতিক বৈশিষ্ট্যের চিহ্ন সরূপ কিছু অপূর্ব শিল্পকলা। রুক্ষ বালির মধ্যে উট চলেছে মুখটি তুলে।

কোথাও বা কাঁটা গাছ খাচ্ছে। মাঝে মাঝে খেজুর গাছও রয়েছে। আমাদের নদীবহুল বাংলার একেবারে বিপরীত প্রকৃতি। দেখতে দেখতে মনে পড়ে গেল রবীন্দ্রনাথের লেখা কবিতার দুটি লাইন, "ইহার চেয়ে হতেম যদি আরব বেদুইন/ছুটিয়ে ঘোড়া উড়িয়ে ধুলো দিগন্তে বিলীন"। ইউ এন ও-তে যোগ দেওয়ার পরে জাপানও এখানে উপহার পাঠিয়েছে। ১৯৪৫ সালে আমেরিকা জাপানে যে এটম বোমা ফেলেছিল, যার ফলে মুহূর্তে সত্তর হাজার নিরপরাধ নরনারী প্রাণ হারিয়েছিল, তার নিদর্শন হিসাবে একটি স্ট্যাচু পাঠিয়েছে। সেটি হল শিন্‌রান (১১৭৩-১২৬৩) যিনি 'দি জো ডো সিন্সু (পিওর ল্যান্ড) স্কুল অফ বুদ্ধইজম'-এর প্রতিষ্ঠাতা ছিলেন, তাঁর স্ট্যাচুটি ৬-ই আগস্ট, ১৯৪৫ সালে জাপানের হিরোশিমাতে ছিল, যেখানে এটম বোমা পড়েছিল। জাপান শিন্‌রান শমিন-এর ক্ষতবিক্ষত স্ট্যাচুটি ১৯৫৫ সালের ১১-ই সেপ্টেম্বর ইউ এস এ-কে পাঠিয়েছে। সেখানে লেখা আছে যে "অ্যাজ এ টেস্টইমনিয়াল টু দি এটমিক বম্ব ডিভাস্টেশন এন্ড এ সিম্বল অফ লাস্টিং হোপ ফর ওয়ার্ল্ড পিস"। আরও নানা দেশ নানারকম উপহার পাঠিয়েছে। যুদ্ধ মানেই নৃশংসতা, প্রচুর নিরীহ মানুষের মৃত্যু ও ক্ষয়ক্ষতি। বড় হয়ে জার্মানির কনসেন্ট্রেশন ক্যাম্প ও গ্যাস চেম্বারের কথা পড়েছি আর আতঙ্কে শিউরে উঠেছি। তাই এখানকার কার্যালয়ে আসার একটা ইচ্ছা মনের মধ্যে ছিল,কারণ যুদ্ধের বীভৎস রূপ থেকে মুক্তির সম্ভাবনা হয়তো এদের প্রচেষ্টার মধ্যে আশার আলো দেখায়। একটু দূরে গিয়ে চমৎকার বাইরের দৃশ্য আর নদীর ঠাণ্ডা হাওয়া উপভোগ করলাম। কোন একটা তলায় বিভিন্ন জিনিস বিক্রির জন্য সাজিয়ে রাখা হয়েছে। আমার নাতি কিছু জিনিস কিনে ইউনাইটেড নেশনস-

এর লোগো দেওয়া প্লাস্টিকের ব্যাগে করে সেটা বাড়িতে নিয়ে এল। এক জায়গায় খাবারের স্টল দেখতে পেলাম, যদিও আমরা সেখানে ঢুকি নি। আসার পথে বড় ঘরটার দেয়ালে ইউ এন সেক্রেটারি জেনারেলদের ছবি ও তাদের সম্পর্কে কিছু লেখা রয়েছে দেখলাম। সকলের নাম মনে নেই। কয়েকজনের নাম মনে আছে, যেমন উ থানট, কোফি আনন, বান কি মুন ইত্যাদি। দ্বিতীয় সেক্রেটারি জেনারেলের লেখাটা পড়ে ভাল লেগেছিল। আমার নাতি সেটা মোবাইলে ছবি তুলে নিল। সেটা হল, "দি ইউ এন ওয়াজ নট ক্রিয়েটেড টু টেক ম্যানকাইন্ড হেভেন বাট টু কিপ হিউম্যানিটি ফ্রম হেল"— ডাগ হাম্মারস্কজলড, সেকেন্ড ইউ এন সেক্রেটারি জেনারেল। কথাটা খুব সত্য। মনের মধ্যে দাগ কেটে গেল। এবার ফেরার পালা। বাইরে এসে আমরা বেশ কিছু ছবি তুললাম। যে ভদ্রলোক এতক্ষণ ধৈর্য ধরে সব কিছু ঘুরে ঘুরে আমাদের দেখালেন, তাঁর সঙ্গেও আমাদের ছবি উঠল। এভাবেই বিদায় পর্ব শেষ হল।

এবার যাব ওয়ান ওয়ার্ল্ড দেখতে, যেখানে নাইন ইলেভেনে ওয়ার্ল্ড ট্রেড সেন্টারের দুটি টাওয়ার ধ্বংস হয়ে গিয়েছিল সেইখানে। বেশ দূর আছে। তাই ট্যাক্সি করে যেতে হবে। আগে ২০০২ সালে প্রথমবার যখন এসেছিলাম, খালি জায়গায় বিমর্ষ মনে বেশ কিছুক্ষণ দাঁড়িয়েছিলাম। টুইন টাওয়ার ছিল একশো তেরো তলা। সেই ধ্বংসস্থানের কাছেই আপাতত ওয়ান ওয়ার্ল্ড নামে একশ চার তলার একটা বিল্ডিং তৈরি হয়েছে, যেটা জনসাধারণের জন্য খুলে দেওয়া হয়েছে এবং বাকি অংশ এখনও তৈরি হচ্ছে। এখানেও হুইল চেয়ার থাকায় আমাদের লাইনে দাঁড়াতে হল না। লিফটে উঠে গেলাম।

লিফট ওঠার আগে একটা ঘোষণা শোনা গেল যে যাদের কোন রকম শারীরিক অসুবিধা আছে তারা যেন চোখ বন্ধ করে রাখে। কারণ মাত্র সাতচল্লিশ সেকেন্ডে লিফট ১০৪ তলায় উঠে যাবে। ভাবা যায়? এক মিনিট সময়ও লাগবে না। যেহেতু মাঝে মাঝে আমার মাথা ঘোরে, তাই ছেলে আমাকে চোখ বন্ধ করতে বলল। চোখ বন্ধ হতে না হতেই দেখি একশ চার তলায় দাঁড়িয়ে। শুধু কান দুটোয় তালা ধরে গেছে। অবজারভেটরি যেহেতু দুতলায়, তাই মুহূর্তে আমরা দুতলায় নেমে এলাম। গোল টাওয়ারের সমস্ত দিক স্বচ্ছ কাঁচের জানালা দিয়ে ঘেরা। সেখান দিয়ে চারিদিক বহুদূর পর্যন্ত দেখা যাচ্ছে। অনেক লোক সমস্ত দিক ঘুরে ঘুরে দেখছে। বহুদূরের পাহাড় দেখে মনে হল, সেগুলো যেন আকাশের কোলে এঁকে রাখা হয়েছে। নীচে থেকে যে অসংখ্য ষাট সত্তর তলা উঁচু বিল্ডিংগুলো ঘাড় তুলে দেখতে গেলে ঘাড় ব্যথা হয়ে যেত, সেইসব আকাশচুম্বী বাড়িগুলোকে এখন অনেক ছোট বলে মনে হচ্ছে। আর সাধারণ মাপের বাড়িগুলোকে তো খেলনা বাড়ি লাগছে। চলমান লোকজন দেখে মনে হচ্ছিল যেন পিঁপড়ের দল চলেছে। নিউইয়র্ক শহর ছোট বড় নানা দ্বীপের সমষ্টি। বইতে পড়েছি চারিদিকে জলবেষ্টিত স্থলভাগকে দ্বীপ বলে। গঙ্গার মাঝখানে বেশ বড় একটা চড়ায় কয়েকবার গিয়েছি। তার নাম হালিশহরের চড়া। সেখানে বাড়ির সবাই মিলে ঘুরে বেড়িয়েছি। একঘর বাসিন্দা সেখানে ছোট কুঁড়ে বেঁধে বাস করছে, নানারকম শাকসবজির চাষ করছে। এই চড়াগুলোকেও এক অর্থে দ্বীপ বলা চলে। কিন্তু নিউইয়র্ক শহর যে নানা দ্বীপের সমষ্টি, সেটা ম্যাপে এঁকে বোঝানো যায়, খালি চোখে দ্বীপ বলে বোঝা যায় না। একশ দুতলার উঁচু থেকে যখন নিচের

দীপ্তি চক্রবর্তী

চারিদিকে তাকালাম তখন খুব অবাক হলাম। নীচে বেশ কয়েকটা ছোট বড় শহর দেখা যাচ্ছে, যেগুলোর চারপাশ ঘিরে মোটা দড়ির মতো বা ম্যাপে আঁকা নদীর মতো কিছু যেন বয়ে চলেছে। সেখানে ছোট স্টিমার চলেছে, রেখার মতো দেখতে ব্রিজ রয়েছে। চর্মচক্ষু দিয়েই দেখলাম যে ওগুলো নিউইয়র্ক শহর যা কয়েকটি দ্বীপের সমষ্টি। এত উঁচু থেকে মনে হল যেন গালিভারস ট্র্যাভেলসে পড়া লিলিপুটের দেশ দেখছি। এত উঁচু থেকে অনেক দূরে একটা ছোট নির্জন দ্বীপে আমেরিকার স্বাধীনতা উপলক্ষে ফ্রান্সের পাঠানো স্ট্যাচু অফ লিবার্টির বড় মূর্তিটি উত্তোলিত আলো হাতে একাকী দাঁড়িয়ে আছে। ২০০২ সালে লঞ্চে করে আমরা ওই দ্বীপটির চারপাশ ঘুরে ঘুরে মূর্তিটি দেখেছিলাম। নাইন-ইলেভেনের ঘটনার জন্য ওই দ্বীপে কারোর নামার অনুমতি ছিল না। একশ দুতলার উঁচু থেকে অত বড় মূর্তিটাকে খুব ছোট দেখাচ্ছিল। এরপর কাঁচ দিয়ে ঘেরা গোল গম্বুজের চারপাশ ঘুরে ঘুরে দেখতে লাগলাম। নিচের দিকে তাকিয়ে দেখি দুটো পুকুরের মতো জায়গার চারিদিক বাঁধিয়ে রাখা হয়েছে। তার মধ্যে দুটো ফোয়ারা থেকে সবসময় জল পড়ছে। সেই জায়গা দুটোতে দাঁড়িয়ে ছিল টুইন টাওয়ার। নাইন-ইলেভেনের স্মৃতি মনটাকে আবার ভারাক্রান্ত করে তুলল। একটি মেয়ে মাঝে মাঝে এর ইতিহাস সংক্রান্ত কিছু বলে যাচ্ছে অনেকটা বক্তৃতা দেওয়ার মতো করে। কারও কোন প্রশ্ন থাকলে যে কেউ গিয়ে জিজ্ঞাসা করলে সুন্দর বুঝিয়ে দিচ্ছে। এবার নামার পালা। মুহূর্তের মধ্যে কখন যে একশ দুতলা থেকে নীচে নেমে এলাম বুঝতে পারলাম না। সেখান থেকে ট্যাক্সি করে ম্যারিয়ট হোটেল। দ্বিতীয় রাত্রিও কেটে গেল। তৃতীয় দিন বেলা বারোটায় চেক-আউট করতে হবে।

স্নান সেরে, ব্রেকফাস্ট করে, জিনিসপত্র গুছিয়ে নিয়ে আমরা অপেক্ষা করতে লাগলাম। এবারের তৃতীয় ইচ্ছা পূর্ণ করা বাকি। সেটা হল, কুইন্স বরোতে জ্যাক্সন হাইটসের বাঙালি রেস্টুরেন্টে বাঙালি রান্নার স্বাদ গ্রহণ করা। বাংলা ভাষা এখন আন্তর্জাতিক মর্যাদা লাভ করেছে। তাই এখানে বাঙালি রেস্টুরেন্ট, হোটেলে বাংলায় লেখা নাম দেখতে পাওয়া যায়। বাংলাতে লেখা 'খাবার ঘর' নামে একটা রেস্টুরেন্টে ঢুকলাম। কথায় আছে, মাছে ভাতে বাঙালি। এখানে সেই বাঙালি খাবার খাব। করলা আর সব্জি দিয়ে তেতো পদ শুক্ত খেতে ভাল লাগে। তেতোর ডালও খেয়েছি। কিন্তু মাছের তেতো রান্না কখন খাইনি। এই প্রথম খেলাম। এছাড়া সিমের বিচি দিয়ে বেলে মাছ, বেগুন দিয়ে ইলিশ মাছের ঝোল, ডাল সঙ্গে ভাজা সব মিলিয়ে খুব আনন্দ করে খেলাম। শেষ পাতে মিষ্টি দইও খেলাম। বাড়ির জন্য দই, রাজভোগ আর ছানার জিলিপি নিয়ে গেলাম। দুদিনের এই ছুটি কাটানো সঙ্গে সুন্দর আবহাওয়া অর্থাৎ সব মিলিয়ে মনে রাখার মতো একটা নিটোল আনন্দ উপভোগ করলাম।

## অরল্যান্ডোর ডিজনি ওয়ার্ল্ডে যাত্রা

"আমি চঞ্চল হে, আমি সুদূরের পিয়াসী" এ শুধু কবির মনের কথা নয়, সাধারণভাবে সকলেরই মনের কথা। তাই কোন সুযোগ সুবিধা হলে মানুষ বেরিয়ে পরে অভ্যস্ত জীবনের গণ্ডী থেকে কোন অজানার উদ্দেশ্যে। কাছে বা দূরে যাই হোক না কেন। ২০১৭ সালের ২৩-এ ডিসেম্বর থেকে ৩১ তারিখ পর্যন্ত খ্রিস্টমাস এবং ১লা জানুয়ারি নববর্ষ উপলক্ষে নাতিদের স্কুলে দশ দিন ছুটি ছিল। এই প্রসঙ্গে আমার ছোটবেলার স্কুল জীবনের কথা মনে পড়ল। দীর্ঘ দিনের ব্রিটিশ শাসনাধীন ভারতবর্ষ আমার ছোটবেলাতেই স্বাধীন হয়েছে। তাই তাদের শিক্ষা সংস্কৃতির অনেক কিছু আমাদের জীবনের অঙ্গীভূত হয়ে গিয়েছিল। আমাদের স্কুলেও তখন নাতির স্কুলের মতো ২৩-এ ডিসেম্বর থেকে ১লা জানুয়ারি পর্যন্ত দশ দিন ছুটি থাকত, এখনো থাকে। এক কথায় এই দশ দিনের ছুটিকে আমরা বলতাম 'বড় দিনের ছুটি'। কথাটি দু'দিক থেকে সত্য। ২৩-এ ডিসেম্বর থেকে দিন বড় হতে শুরু করে। আর ২৫-এ ডিসেম্বর প্রেমাবতার মহামানব যিশুখ্রিস্টের জন্মদিন। সেই দিন মানব জীবনের বড়দিন, শুভদিন। এইসব দিনে আমরা বড়দের সঙ্গে শীতের মিঠে রোদ গায়ে মেখে বেরিয়ে পড়তাম কাছে দূরে। কখন পিকনিক করতে বা কখন চিড়িয়াখানা, মিউজিয়াম দেখতে। আবার কখন দিল্লি, আগ্রা বেড়াতেও গিয়েছি। এই দীর্ঘ ছুটিতে আমেরিকা প্রবাসী আমার ছেলে ও তার ঘনিষ্ঠ চার পাঁচটি ফ্যামিলি মিলে ঠিক করল যে তাদের ছেলেমেয়েদের নিয়ে ফ্লোরিডার অরল্যান্ডো-তে

ডিজনি ওয়ার্ল্ড দেখতে যাবে। তাও আবার নিজেদের গাড়ি নিয়ে লং ড্রাইভে যাবে। একথা শুনে আমার বইতে পড়া আগেকার দিনের তীর্থ যাত্রীদের কথা মনে হল। তারাও দল বেঁধে পায়ে হেঁটে, পথের দৃশ্য দেখতে দেখতে, ক্লান্ত হলে পান্থশালায় বিশ্রাম করে, রাত্রিবাস করে, পরদিন নতুন উৎসাহে আবার যাত্রা করত। এও যেন অনেকটা সেরকম। প্লেনে, ট্রেনে বা সরকারি বাসে নয়, সজাগ ও সদা সতর্ক দৃষ্টি রেখে শারীরিক ক্লান্তি উপেক্ষা করে শিশু ও বয়স্কদের জীবনের দায়িত্ব নিয়ে নিরাপদে দূরদেশে বেড়াতে যাওয়া খুব একটা সহজ ব্যাপার নয়। যদিও আগেকার মতো পায়ে হেঁটে নয়, মোটর গাড়িতে চড়ে, তা হলেও চালকের তো বটেই, আরোহীদেরও একঘেয়েমি জনিত ক্লান্তি আসে। মোটর গাড়ি থেকে বাইরের দৃশ্য মোটামুটি ভালই দেখতে পাওয়া যায় যেটা উপরি পাওনা। যার সেসব দেখতে ভাল লাগে তার ক্লান্তি কম হয়। একটা কথা, কম করে দুজনে মিলে গাড়ি চালাতে জানলে চালকের কিছুটা বিশ্রাম হয়, ক্লান্তি কমে। এদেশে ছেলেমেয়ে সকলেই গাড়ি চালাতে জানে, তাই সমস্যা কিছুটা কম। স্বামী স্ত্রী দুজনে ভাগাভাগি করে চালিয়েছে। একজনের ছেলে ইলেভেন্থ্ গ্রেডে পড়ে। সে গাড়ি চালানো শিখছে, নিয়মানুযায়ী তাকে কোন অভিজ্ঞ চালকের পাশে বসে চালাতে হয়। সে মাঝে মাঝে তার বাবার পাশে বসে দু তিন ঘণ্টা ধরে গাড়ি চালিয়েছে। সতর্ক দৃষ্টি সমেত বিশ্রামের এই আনন্দঘন মুহূর্তগুলি তার মা বাবার কাছে তাই উপরি পাওনা।

আমেরিকার পেনসিলভেনিয়া স্টেটের ফিলাডেলফিয়া থেকে ফ্লোরিডার অরল্যান্ডোর ডিজনি ওয়ার্ল্ড পর্যন্ত উত্তর থেকে দক্ষিণে দূরত্ব প্রায় হাজার মাইল বা তার কিছু বেশি। যেতে আসতে কম

করে লাগবে প্রায় দু হাজার মাইল। লং ট্যুর। সকলেই বেশ উত্তেজিত। নানা আলাপ আলোচনা, হোটেল বুক করা, জামা, গরম জামা, স্ন্যাক্স, ওষুধ সব মিলিয়ে কদিন বেশ ব্যস্ততায় কাটল, সঙ্গে অফিস তো আছেই। আগের দিন অফিসের পর বাড়ি ফিরে সমস্ত জিনিসপত্র গাড়িতে তুলে ফেলা হল। সঙ্গে আমার হুইল চেয়ার ঢোকানো হল। আমি বুড়ো মানুষ, হাঁটতে পারি না। আমার ছেলেই আমাকে হুইল চেয়ারে বসিয়ে ঠেলতে ঠেলতে কষ্ট করে সব ঘুরিয়ে দেখায়। ছেলে বউ নিয়ে যে একটু আনন্দ করবে তার সময় পায় না। বুড়ো বয়সে অক্ষম শরীর নিয়ে আমার যত না কষ্ট, তার দশগুণ কষ্ট হুইলচেয়ার সমেত এখানকার উঁচু নিচু জায়গায় আমাকে ঠেলে ঠেলে নিয়ে যাওয়া, সেই কষ্ট সে যে করে, সেতো আমাকে একটু আনন্দ দেওয়ার জন্যই। সেকথা ভাবলে মনে হয় যে এমন ছেলে ক'জন পায়? যাই হোক, জিনিসপত্র গাড়িতে ঢুকিয়ে সবকিছু গুছিয়ে নিতেই রাত দেড়টা দুটো বেজে গেল। ঘণ্টা দুই আড়াই ঘুম। চারটের পর উঠে মুখ ব্রাশ করে তৈরি হয়ে নিলাম। চারিদিক অন্ধকার, আকাশে মেঘ, টিপ টিপ করে বৃষ্টি পড়ছে। দুর্গা নাম স্মরণ করে ২৩-এ ডিসেম্বর শনিবার ভোর ৫-টা ২০ মিনিটে সে দিনের যাত্রা শুরু হল। কম বেশি বৃষ্টি হয়েই চলেছে। ধীরে ধীরে অন্ধকার ভেদ করে ভোরের আলো ফুটল, কিন্তু সূর্যদেবের দেখা নেই। পেনসিলভেনিয়া, ডেলাঅয়ার পেরিয়ে যাওয়ার পর বৃষ্টি কমে গেল। আকাশ পরিষ্কার হল। পথেই ব্রেকফাস্ট, চা খেতে খেতে চললাম। দুপাশে গাছের সারি, ডিসেম্বর শেষ হতে চলল, সব গাছের পাতা এখনো ঝরে যায় নি। কিছু গাছ চিরহরিত থাকে। যেগুলোর পাতা ঝরে গেছে, সেখানকার ফাঁক দিয়ে কোনখানে দেখা

নীড়ের মায়া ৪৩

যাছে দিগন্ত বিস্তৃত মাঠ, কোথাও আবার গাড়ি চলার রাস্তা যেটা অনেক জায়গায় গাছের ঘন পাতার আড়াল থেকে বোঝা যাচ্ছে না। একে একে মেরিল্যান্ড, ওয়াশিংটন ডি সি, ভার্জিনিয়ার রিচমনড, নর্থ ক্যারলিনিয়ার ফায়েতভিলে, সাউথ ক্যারলিনিয়ার মারটল বীচ পেরিয়ে গেলাম। এই পথ ধরে মাস চারেক আগে আগস্ট মাসে আমরা সবাই মিলে মারটল বীচে পূর্ণগ্রাস সূর্যগ্রহণ দেখতে গিয়েছিলাম। আজ চলেছি আরও লং ট্যুরে। যেতে যেতে ফায়েতভিলে সূর্যাস্তের অপূর্ব এক রূপ দেখলাম। পাতা ঝরা গাছের ফাঁক দিয়ে দেখি একটা বড় লেকের ওপরে পশ্চিম আকাশের দিগন্তে বলের মতো গোলাকার রক্তবর্ণ সূর্যদেব জলে এবং দিগন্তে লাল আভা ছড়িয়ে আমাদের গাড়ির সঙ্গে সঙ্গে এগিয়ে চলেছে। অনেক সময় গাছের ঘন পাতার আড়ালে সূর্যদেব হারিয়ে যাচ্ছে, আর দেখতে পাচ্ছি না। এইভাবে লুকোচুরি খেলতে খেলতে কখন যে সূর্যদেব ঐ লেকের জলে টুপ করে ডুব দিয়ে পালিয়ে গেলেন বুঝতে পারলাম না। ধীরে ধীরে অন্ধকার নেমে এল। আমাদের আজ রাতের আশ্রয় বা বিশ্রামস্থল জর্জিয়ার সাভানা। আমরা সেই পথেই এগিয়ে চলেছি। ফিলাডেলফিয়ার ওয়ালইংফোরড থেকে প্রায় চোদ্দ ঘণ্টা ড্রাইভ করে রাত্রি ৮-টা নাগাদ জর্জিয়ার সাভানায় পৌঁছলাম। আগেই হোটেল বুক করা ছিল। এবার রাতে একটা নিশ্চিন্ত ঘুম।

২৪-এ ডিসেম্বর রবিবার ঘুম থেকে উঠে স্নান সেরে ব্রেকফাস্ট করে আমরা সাভানার ঐতিহাসিক দ্রষ্টব্য স্থানগুলি দেখতে চললাম। সেখানে প্রথম গার্লস স্কাউটদের প্রতিষ্ঠাতার বাড়ি দেখলাম। কয়েকটি চার্চের অপূর্ব গঠন শৈলী দেখলাম। সবাই ছবি

তুলল। যদিও অনেকে চার্চের ভেতরে যাচ্ছে, কিন্তু আমরা কেউ যাই নি। যা যা দেখার মোটামুটি বাইরে থেকেই সেগুলো দেখেছি। কি কি দেখেছি ঠিক মতো মনে পড়ছে না। এইভাবে ঘুরতে ঘুরতে বেলা গড়িয়ে গেল। লাঞ্চ খাওয়ার সময় হয়েছে। লাঞ্চের পরে ঐ হোটেলে আমাদের এক পারিবারিক বন্ধুর জন্মদিন পালন করা হল। সব ব্যবস্থা বন্ধুরা মিলে করল। আমরা সবাই মিলে একসঙ্গে 'হ্যাপি বার্থ ডে টু ইউ' বলে 'উইশ' করলাম। কেক কাটা হল। কেকটা খুব ভাল ছিল, খেতে সকলেরই খুব ভাল লেগেছিল। জন্মদিনের উপহার দেওয়া হল। এবার পাঁচ ঘণ্টার ড্রাইভ। চারটি ফ্যামিলি মিলে বেশ বড় গ্রুপ। যে যার গাড়িতে চলেছে। ফোনে ফোনে ফোনালাপ। মাঝে মাঝে বাচ্চারা সবাই মিলে দল বেঁধে একটা গাড়িতে বসে হৈ হৈ করতে করতে চলেছে। এইভাবে চলতে চলতে পাঁচ ঘণ্টা পরে রাত্রে ফ্লোরিডার অরল্যান্ডো পৌঁছলাম। ম্যারিয়ট হোটেল বুক করা ছিল। সেখানে পৌঁছে জিনিসপত্র রেখে বাইরে থেকে খাওয়াদাওয়া সেরে ঘুমোতেই রাত্রি দশটা বেজে গেল। ফ্লোরিডায় কিন্তু ফিলাডেলফিয়ার মতো বরফ পড়ে না। কলকাতার মতো ফ্লোরিডার কাছাকাছি অঞ্চল দিয়ে কর্কটক্রান্তি রেখা যাওয়ায় এখানে আমাদের দেশের মতোই আবহাওয়া। চারিদিকে তাল সুপারির মতো অনেক পাম গাছ দেখতে পেলাম। ডিসেম্বর মাস, আমার শীত করলেও অন্যদের বিশেষ শীত করেনি। ফ্লোরিডায় ঢুকবার সময় দেখলাম সমুদ্রের জল কিভাবে ভেতর দিকে ঢুকে পড়েছে। চারিদিকে লম্বা লম্বা ছোট বড় অসংখ্য খালের সৃষ্টি হয়েছে। আমাদের দেশে এগুলোকে খুব সম্ভব খাঁড়ি বলে। এইজন্য বোধহয় এখানকার অনেক রাস্তা বা হোটেলের নাম বেলাভূমি বা ইংরাজিতে যাকে বলে

বীচ তাই যোগ করে রাখা। যেমন ডে টোনা বীচ, অরমণ্ড বীচ, জ্যাক্স বীচ, অরেঞ্জ বীচ, ফারনানডিনা বীচ এইরকম। এই প্রসঙ্গে মনে পড়ল পশ্চিমবঙ্গের সুন্দরবন অঞ্চলের ম্যাপটার কথা।

২৫-এ ডিসেম্বর সোমবার। আজ আমাদের ডিজনি ওয়ার্ল্ডের 'এপকট' অর্থাৎ এক্সপেরিমেন্টাল প্রটোটাইপ কমিউনিটি অফ টুমরো (Experimental Prototype Community Of Tomorrow – EPCOT) যাওয়ার কথা। স্নান সেরে ব্রেকফাস্ট খেয়ে হুইলচেয়ারে বসে আমি চলেছি, পারকিং-এ গাড়ি পার্ক করা হয়েছে। সবাই চলেছে হেঁটে হেঁটে। কারণ প্যাভিলিয়নের ভেতর দিয়ে গাড়ি চলতে পারে না। বিরাট এরিয়া জুড়ে আয়োজন। অনেক দেশের প্যাভিলিয়ন রয়েছে। আজ যিশুখ্রিস্টের জন্মদিন। তাই চারিদিকে অনেক খ্রিস্টমাস ট্রি নানারকম অরনামেনট দিয়ে সাজানো। একদিকে একটা খুব লম্বা এবং বড় খ্রিস্টমাস ট্রি দেখলাম। বহুদূর থেকে নজরে আসছে। সেগুলি আমরা পরে দেখব।

প্রথমে আমরা স্পেস শিপ আর্থ নামে রাইডে বসলাম। সেটা একটা খোলা গাড়ি। বসার পরে আলো নিভে গেল। যখন আলো জ্বলে উঠল তখন গাড়ি চলতে শুরু করেছে, কিন্তু কোন চালককে তার আসনে বসতে দেখলাম না। পরবর্তী সব রাইডেই চালকের আসন শূন্য ছিল। এখানে  প্রস্তর যুগ থেকে বর্তমানের ডিজিটাল যুগ পর্যন্ত দেখানো হবে। তিরিশ হাজার বছর আগে মানুষ পাথর কেটে আত্মরক্ষার উপযোগী অস্ত্র তৈরি করতে শিখল। ধীরে ধীরে গ্রীস, রোম প্রভৃতি প্রাচীন সভ্যতার সৃষ্টি হল। জ্ঞানের আলো চারিদিকে ছড়িয়ে পড়ল। বিজ্ঞান প্রিন্টিং প্রেস আবিষ্কার করল। প্রাচীন পুঁথির বদলে ছাপাখানায় বই ছাপা হতে লাগল। দেশবিদেশের খবর

জানিয়ে খবরের কাগজ বার হল। বিজ্ঞানের উন্নতি একে একে টেলিগ্রাম, টেলিফোন, টেলিভিশন, কমপিউটার হয়ে একেবারে বর্তমানের ডিজিটাল যুগে মানুষকে পৌঁছে দিয়েছে। এই বিশাল যুগের বৈজ্ঞানিক ক্রমোন্নতির ইতিহাস বিভিন্ন মূর্তি বা প্রয়োজনীয় জিনিসপত্র দিয়ে সাজিয়ে জীবন্ত করে ফুটিয়ে তোলা হয়েছে।

এবার সকলে 'সোরইন এরাউনড দি ওয়ার্ল্ড' দেখতে গেলাম। সেটা ছিল মোশন সিমুলেটেড সোরইন রাইড। আমার হুইল চেয়ার রেখে দিয়ে ছেলের সঙ্গে মৃদু আলোয় ভরা একটা হল ঘরে ঢুকে দুজনে দুটো চেয়ারে বসলাম। অন্যরা বিভিন্ন সিটে বসে পড়ল। সামনে সাদা স্ক্রিন। চারিদিকের আলো নিভে গেল। আবার যখন আলো জ্বলে উঠল, তখন দেখি চেয়ার সমেত বিভিন্ন দেশ, নদনদী, মহাসাগর এসবের ওপর দিয়ে উড়ে চলেছি। সাগরের জল থেকে একটা তিমিমাছকে লাফিয়ে উঠতে দেখলাম। অনেকের মনে হয়েছে গায়ে যেন জলের ছিটে লাগল। যদিও আমার শীত বেশি লাগে, গরম জামায় আপাদমস্তক ঢাকা, তাই বুঝে উঠতে পারি নি। কখন যে পৌঁছে গেছি আফ্রিকার সাহারা মরুভূমিতে ঠিক বুঝতে পারলাম না। স্কুলের পাঠ্য ম্যাপবইতে সাহারা মরুভূমি লেখা অংশটুকু দেখে ভাবতে ভাল লাগত চারিদিকে ধু ধু করছে উত্তপ্ত বালু রাশি, মাঝে মাঝে কাঁটা গাছ, উটের সারি, মরীচিকায় দিকভ্রান্ত পথিকের শান্তির আশ্রয় মরূদ্যান ইত্যাদি। এখন সব কিছু সত্য বলে মনে হচ্ছে। এরপর সামনে এল মিশরের ছোটবড় পিরামিড, নীলনদ এইসব। কিছুক্ষণের মধ্যে আমরা পৌঁছে গেলাম বিখ্যাত 'দি গ্রেট ওয়াল অফ চায়না'-র ঠিক ওপরে। বহিঃশত্রুর হাত থেকে চীনকে রক্ষা করার উদ্দেশ্যে উত্তর দিকে পাঁচ হাজার কিলো মিটার লম্বা

এই প্রাচীর তৈরি করা হয়েছিল। চিনের প্রথম সম্রাট কিন শি হুয়াং ২২১-২০৬ খ্রিস্ট পূর্বাব্দে অনেক রাজ্যের ব্যক্তিগত উদ্যোগে তৈরি ছোট ছোট প্রাচীরগুলিকে সংযুক্ত করে, সেগুলিকে আরও দীর্ঘ এবং শক্তিশালী দুর্গের মতো করে তুলেছিলেন। তাই তাঁকে চিনের প্রাচীরের জনক বলা হয়। আগে পিছে সব মনে পড়ছে না। একসময় দেখি আমাদের দেশ ভারতের বিখ্যাত তাজমহলের সামনে এসেছি। মুঘল সম্রাট সাজাহান প্রিয়তমা পত্নী মমতাজের স্মৃতি রক্ষার্থে এই সৌধ নির্মাণ করেছিলেন। ১৯৫৪ সালে আগ্রায় এসে আমি তাজমহল দেখেছি। আজ এখানে এসে বিশ্বের বিখ্যাত সব দর্শনীয় স্থানের পাশে দেখলাম কবির ভাষায় ‘এক বিন্দু নয়নের জল,/কালের কপোলতলে শুভ্র সমুজ্জ্বল/এ তাজমহল’। তাকে দেখে ভারতবাসী হিসাবে নিজের গর্ববোধ হল। এই যে উড়তে উড়তে বিনা পরিশ্রমে কিছুক্ষণের মধ্যে পৃথিবীর বিখ্যাত কতকগুলি দর্শনীয় স্থান ঘুরে এলাম, যতই বুঝি মন ও চোখের ভ্রান্তি, তবু যেন সত্যি বলে ভাবতে ভাল লাগে। এটা এক ধরনের অদ্ভুত ও নতুন অভিজ্ঞতা। এরপরে এপকটে যেকটি রাইডে চড়েছি তার মধ্যে ‘সোরইন’ রাইড সবচেয়ে বেশি ভাল লেগেছে। এই অভিজ্ঞতা ভ্রমণ পিপাসু মনের মধ্যে অবাস্তব হলেও, সেই সময়ের জন্য একটা বাস্তব অনুভূতির স্বাদ এনে দিয়েছিল।

এবার গেলাম লিভিং উইথ দি ল্যান্ড দেখতে। একটা হুড খোলা গাড়িতে আমরা বসলাম। আলো নিভে গেল। আলো জ্বলে উঠতেই দেখলাম গাড়ি চলতে শুরু করেছে আর দুপাশের জমিতে নানারকম ফলমূল সব্জি ফলে রয়েছে । সেগুলো আকারে বেশ বড়। লাউ, পেঁপে শসা করলা এরকম আরও অনেক সব্জি দুপাশে ফলে

রয়েছে। কাঁচের বড় বড় একুইরিয়ামে দেখি অনেক ছোটবড় তেলাপিয়া মাছ খেলা করছে, অন্যান্য মাছও খেলা করছে। সেখানে অনেক গাছও আছে। মাছেরা থাকায় জল দূষণমুক্ত থাকছে। গাছেরা থাকায় মাছেরা জলের মধ্যে অক্সিজেন পাচ্ছে। এইভাবে পরস্পর পরস্পরের জীবন ধারণের সহায়ক হয়ে উঠছে। এরই নাম একোয়া ফারমিং। জীবন ধারণের প্রয়োজনে, বাঁচার তাগিদে যাযাবর মানুষ একদিন চাষ আবাদ করে ফসল ফলাতে শিখেছিল। জনসংখ্যা বৃদ্ধির সঙ্গে সঙ্গে জমির অভাবে ভবিষ্যৎ জীবনে মানুষের অস্তিত্ব রক্ষা করা কঠিন হয়ে দাঁড়াবে। মানুষ শুধু তার নিজের জন্য বাঁচে না। ভবিষ্যৎ প্রজন্মের নিরাপত্তা নিয়েও তার দুশ্চিন্তা থাকে। সেই অবস্থান থেকে মানুষ চিন্তা ভাবনা শুরু করেছে কিভাবে ওপর নীচে অর্থাৎ টপ টু বটম থাকে থাকে ফসল ফলানো যায়। আবার জমির অভাব হলে কিভাবে অল্প জমিতে খুব ছোট আকারের ফসল ফলানো যায় যেগুলো অল্প জায়গা আর অল্প ব্যবহারেই মানুষের ক্ষুধা নিবৃত্তি করে জীবন ধারণের উপযোগী হয়ে উঠবে। সে সমস্ত পরীক্ষা নিরীক্ষা গ্রিন হাউসে দেখানো হয়েছে। ভবিষ্যৎ সম্পর্কে আশার আলো দেখা গেল এটুকুই স্বস্তির কথা।

       ফ্রোজেন এডভেঞ্চার দেখতে গেলাম। Frozen নামক সিনেমার কিছু কিছু অংশ এখানে তুলে ধরা হয়েছে। সেই সিনেমা আমি দেখিনি, তাই গল্পটা জানি না। এখানে যেটুকু দেখেছি তাই লিখছি। একটা নৌকায় চেপে জলের ওপর দিয়ে যাত্রা করতে হবে। আমার ছেলে ধরে ধরে নৌকায় বসিয়ে একটা রড দুহাত দিয়ে আমাকে শক্ত করে চেপে ধরতে বলল। তাকিয়ে দেখি সবাই সেইভাবে বসে আছে। প্রথমে সব আলো নিভে গিয়ে আবার যখন

আলো জ্বলে উঠল, তখন কাণ্ডারি বিহীন নৌকো চলতে শুরু করেছে। তীরের দু ধারে নানারকম পুতুল, পশুপাখি রয়েছে। পুতুলেরা মানুষের ভাষায় কথা বলছে, মোরগ ডাকছে, পাখি শিষ দিচ্ছে। বাঘ সিংহ ডাকছে। এইসব দেখতে দেখতে চলেছি, হঠাৎ চোখের সামনের দিকে কি আছে বুঝে ওঠার আগেই নদীতে উঠল দারুণ ঢেউ। নৌকো দুলতে লাগল, বড় বড় ঢেউয়ের ধাক্কায় উথাল পাথাল অবস্থা। মনে হল ঢেউয়ের ধাক্কায় জলের ছিটে গায়ে এসে লাগছে। আর নৌকোটা দ্রুতবেগে পিছু হটে যাচ্ছে। এক সময় মনে হল যেন নৌকাটা টাল খেয়ে আছড়ে পড়ল। ভয় যে একেবারেই পাই নি তা বলব না। 'য পলায়তি স জীবতি'। তীরে এসে যখন তরী ঠেকল, মনে হল যে খুব বাঁচা বেঁচে গেছি। এই ভয় বা বিস্ময়ের অনুভূতি মনে জাগলেও বাস্তবে এমন কোন ঘটনা ঘটেনি। সবই বিজ্ঞানের কৌশল। আমি বিজ্ঞানের ছাত্রী নই, তাই এর বৈজ্ঞানিক কাজ ও কারণের ব্যাখ্যা দিতে পারলাম না। ভারচুয়াল জানলেও ভয় ভীতি এবং বিস্ময় নিয়ে বাস্তব অথচ অবাস্তব এডভেঞ্চারের অভিজ্ঞতাগুলি চিরকাল মনে থাকবে।

এরপর আমরা ফ্রান্স, জাপান, চিন, মেক্সিকো, জার্মানি ইত্যাদি প্যাভিলিয়নগুলি ঘুরে ঘুরে দেখলাম। এইসব দেশ সম্পর্কে প্যাভিলিয়নগুলিতে মিনিট পনেরোর ছবি দেখানো হচ্ছিল। আমরা কয়েকটি শো দেখলাম। যেমন একটা ছবি হল ফ্রান্সের জাঁকজমক আর সেখানকার রাজ প্রাসাদ নিয়ে। এইসব প্যাভিলিয়নগুলি নিজের নিজের দেশের বৈশিষ্ট্যকে তার গঠনশৈলীর মাধ্যমে তুলে ধরেছে। যেমন জাপানের প্যাভিলিয়নটি প্যাগোডার আকারে তৈরি। লাস্ট দেখব রাত্রি দশটা তিরিশ মিনিটে নদীর তীরে সুন্দর সুন্দর

আতশবাজির শো যার নাম ইলুমিনেসন। আমার হুইলচেয়ার থাকায় আমরা প্রথম সারিতে জায়গা পেয়েছি। তবে আমার বৌমার পক্ষে এই আলোর সৌন্দর্য কাছে বসে স্বচক্ষে উপভোগ করা সম্ভব হয় নি। তার শরীর অসুস্থ লাগায় অনেক আগেই সে হোটেলে ফিরে গেছে। আমার নাতি ভিডিও করে এই আতশবাজির সৌন্দর্য তার মাকে দেখিয়েছে। কত বড় আর কী তার আলোর ছটা। এক এক সময় মনে হয়েছে আতশবাজিগুলি বুঝি নদীর ওপর দিয়ে এপারে চলে আসছে। চারিদিক আলোয় আলোকময়। অভাবনীয় সুন্দর সে দৃশ্য। সবশেষে হোটেলে প্রত্যাবর্তন ও রাত্রিবাস। তবে ভারতের পক্ষ থেকে কোন প্যাভিলিয়ন না থাকায় মনটা খুব খারাপ হয়ে গেল।

পরদিন মঙ্গলবার ২৬-এ ডিসেম্বর। আজ কেনেডি স্পেস সেন্টার দেখতে যাওয়ার কথা। যথারীতি স্পেস সেন্টারে পৌঁছে আমরা বাস ট্যুর নিলাম। এদেশের বাসগুলি হুইলচেয়ার সমেত যাত্রীকে বাসের ভেতরে তোলার জন্য দরজার সামনে একটা পাটাতন ফেলে দেয়, যেটা লিফটের মতো উঠে দরজার মুখে দাঁড়িয়ে থাকে। নিজের লোক এসে হুইলচেয়ার সমেত তাকে ঠিক জায়গায় বসিয়ে দেয়। এখানেও সেইভাবে হল, তবে বাসের মাঝখানে প্রতিবন্ধীদের জন্য তৈরি আলাদা দরজা দিয়ে। বাস প্রতি আধ ঘণ্টা পর পর ছাড়ছে। প্রধান প্রধান ঐতিহাসিক স্থানগুলি ঘুরিয়ে দেখাবে। কোথায় স্পেস প্রোগ্রামের জন্ম হয়েছিল, কোন জায়গাটা রকেট উৎক্ষেপণের স্থান ইত্যাদি, এছাড়া বাসের মধ্যে বিভিন্ন সময়ের মহাকাশে অভিযান, চাঁদে মানুষের প্রথম পদার্পণ, সেগুলির ভিডিও দেখানো ও পরিচয় দেওয়া হচ্ছিল। শুধু তাই নয়,

একটা সংরক্ষিত জায়গা দেখাল যেখানে প্রায় ছ-হাজার আটশো কুমির থাকে। আর তখন একটা কুমিরকে দেখাও গিয়েছিল। ঘোষক জানাল যদিও এদিকে সচরাচর মানুষ হাঁটা চলা করে না, তবে কেউ যদি হেঁটে যায়, সেটা তার পক্ষে বিপজ্জনক হবে। চলন্ত বাস থেকে ঘোষকের নির্দেশ মতো জায়গাটা বুঝে ওঠার আগেই বাস এগিয়ে গিয়েছে। সেজন্য অনেক কিছু আমার পক্ষে দেখা সম্ভব হয় নি। বাস ট্যুর শেষ হলে এবার একটা রকেট দেখতে গেলাম যেটা উৎক্ষেপণের জন্যই তৈরি হয়েছিল, কিন্তু কোন যান্ত্রিক ত্রুটির কারণে পাঠানো সম্ভব হয়নি। সেটা জনসাধারণের প্রদর্শনের জন্য রেখে দেওয়া হয়েছে। সেই রকেট তার আনুষঙ্গিক চারটি যন্ত্রাংশ নিয়ে যে কী বিশাল হতে পারে সাধারণ মানুষের পক্ষে চিন্তা করাও অসম্ভব। কয়েকটা প্লেন এই রকেটের মধ্যে ঢুকে যেতে পারে এত বড় সাইজ। এখানেও সেই বিজ্ঞানের জয়জয়কার। কোথাও মহাকাশচারীদের ছবি রয়েছে, কোথাও বা অনেক রকেট রয়েছে দেখলাম। আমরা এখানকার একটা আই ম্যাক্স-এ গিয়ে মুভি দেখলাম। সেটা ছিল মানুষের প্রথম চাঁদে পদার্পণ সংক্রান্ত। এরপর হোটেলে প্রত্যাবর্তন।

২৭-এ ডিসেম্বর বুধবার। আজ সকাল ন-টা বা সাড়ে নটা নাগাদ ম্যারিয়ট হোটেল ত্যাগ করে ইউনিভার্সাল এরিয়ার মধ্যেই কাবানা-বে নামে বীচের একটা হোটেলে চলে এলাম। ২৭ ও ২৮ এই দুদিন ছেলে বউ আর নাতি মিলে অনেক উঁচু উঁচু রাইডে চড়বে। এগুলো আমি আগে এখানকার অনেক পার্কে দেখেছি। বিশাল উঁচু থেকে নীচে গোল হয়ে চেয়ারগুলো বন বন করে ঘুরছে। তার মধ্যে বাচ্চারা বেল্ট বাঁধা অবস্থায় বসে আছে। ঘুরবার সময়

কখনও দেখি তাদের পা উঁচুতে রয়েছে আর মাথা নীচে ঝুলছে, শুধু তাই নয়, বাচ্চাগুলো প্রচণ্ড চিৎকার করছে। আজকালকার ছেলেমেয়েদের এইসব এডভেঞ্চার খুব ভাল লাগলেও আমার খুব ভয় ও দুশ্চিন্তা লেগেছে। আমার পক্ষে এইরকম হাই রাইডে ওঠা একেবারেই অসম্ভব। একে বয়স তায় হাইপ্রেশার ও ভারটিগো আছে। তার ওপর টিকিটের দাম প্রচণ্ড বেশি। তাই এই দুদিন আমার ছুটি। হোটেলেই বিশ্রাম আর দ্রষ্টব্য স্থান নির্দেশক গাইড বুক থেকে মনে করে কি কি দেখলাম সেগুলি খাতায় লিখে রাখা।

২৯-এ ডিসেম্বর শুক্রবার আমাদের বাড়ি ফেরার দিন। সেদিন সকালে উঠে স্নান সেরে ব্রেকফাস্ট করে জিনিসপত্র গুছিয়ে নিয়ে দশটা বা সাড়ে দশটা নাগাদ হোটেল ছেড়ে দিয়ে আমরা গাড়িতে উঠলাম। আবার একই পথে এগিয়ে যাওয়া। মাঝে ফায়েতভিলে হোটেলে রাত্রিযাপন। ইতিমধ্যে খবর পেলাম ফিলাডেলফিয়ার দিকে বরফ পড়ছে। দুশ্চিন্তা হল। বেশি বরফ পড়লে গাড়ি চালাতে অসুবিধা হতে পারে। যাই হোক, ভগবানের কৃপায়, বেশি বরফ পড়ে নি। ৩০-এ ডিসেম্বর শনিবার আমরা নিরাপদে রাত্রি আটটা নাগাদ বাড়ি ঢুকলাম। এখনকার মতো 'আমার কথাটি ফুরালো'।

## পুনরাগমন

২০১৭ সালের ডিসেম্বর মাসে খৃস্টমাসের ছুটিতে চার পাঁচটি ঘনিষ্ঠ ফ্যামিলি মিলে গাড়ি চালিয় অরল্যান্ডর ডিজনি ওয়ার্ল্ড দেখতে গিয়েছিলাম। সেটা ছিল সবাই মিলে বিখ্যাত ডিজনি ওয়ার্ল্ডের বিভিন্ন রাইডে চড়া ও ছেলেমেয়েদের সঙ্গে নিয়ে ছুটি কাটানোর আনন্দ উপভোগ করা। কিন্তু এপকটে সোরইন রাইড আমার এত ভালো লেগেছিল যে বারবার দেখতে ইচ্ছে করছিল। কি জানি ভগবান হয়তো মনের সুপ্ত ইচ্ছা বুঝতে পেরেছিলেন, সেইজন্য আশীর্বাদ করেছিলেন, আবার আসা হবে। তাঁর আশীর্বাদে ২০১৮ সালে ডিসেম্বরের ছুটিতে আবার অরল্যান্দতে আসা।

এবার এসেছি এক আত্মীয়ের ছেলের বিয়ের অনুষ্ঠানে যোগ দিতে। পাত্রপাত্রী দু জনেই পূর্ব পরিচিত। তারা নিজেরাই ঠিক করেছিল যে খৃস্টমাসের ছুটিতে ডিজনির ওয়েডিং প্যাভিলিয়নে বিয়ে করবে। ২১শে ডিসেম্বর শুক্রবার বিকেল সাড়ে চারটে নাগাদ আমাদের যাত্রা শুরু। গাড়িতে করে এবারেও লম্বা জার্নি। সকলেরই এভাবে যাওয়ার ইচ্ছা। অনেকে আবার পরের দিন ভোর বেলায় যাত্রা করেছে। ২৩, ২৪ আর ২৬ তারিখ এই তিন দিন বিয়ের অনুষ্ঠান। বাকি তিন দিন ডিজনি ঘুরে বেড়ানো। ৩০ তারিখে ফিরে আসা।

২১ তারিখ রাস্তায় বেশি ভিড় ছিল না। গাড়ি বেশ ভালভাবেই এগোচ্ছিল। তবুও সারা রাত না ঘুমিয়ে একটানা গাড়ি চালালে বিপদের সম্ভাবনা থাকে, তাই মাঝামাঝি পথ পৌঁছে

হোটেলে রাতে বিশ্রাম নেওয়ার ব্যবস্থা হল। পরদিন সকালে স্নান সেরে ব্রেকফাস্ট করে বেলা দশটা নাগাদ হোটেল ছেড়ে দিলাম। আবার নতুন উৎসাহে যাত্রা শুরু হল। এবার কিন্তু যাত্রা সহজ হল না। রাস্তায় প্রচণ্ড ভিড়। সবাই ডিজনি চলেছে খৃস্টমাসের ছুটি কাটাতে। খুব ধীর গতিতে গাড়ি এগোচ্ছে। কখন বা গাড়ি অনেকক্ষণ চুপচাপ দাঁড়িয়ে আছে। এইভাবে গাড়ি চলতে চলতে মধ্য রাত পেরিয়ে গেল। যখন গাড়ি হলিডে ইন নামে এক হোটেলে পৌঁছল, তখন রাত দুটো বেজে গেছে। রাত নটা বা সাড়ে নটা নাগাদ আমরা সকলে গাড়িতে বসেই ডিনার করে নিয়েছিলাম। এখন চোখ ঘুমে ঢুলে পড়ছে। তাই বিছানার শরণ নিলাম। আমরা তো দুটোয় পৌঁছেছিলাম, অনেকের রাত চারটে বা পাঁচটা হয়ে গিয়েছিল। যাই হোক, রাতে বিশ্রাম নিয়ে পরদিন অরল্যান্ডর উদ্দেশ্যে আবার যাত্রা শুরু হল। সেখানে ওয়েস্ট গেট রিসরট এন্ড ভিলায় আমাদের জন্য যে ঘরগুলি বুক করা ছিল, সেগুলি খুব সুন্দর আর উন্নতমানের ছিল। সাধারণ হোটেলে একটা ঘরে দুটো খাট বিছানা সঙ্গে বাথরুম, কয়েকটা চেয়ার টেবিল, একটা মাইক্রোওয়েভ, টি ভি, ফ্রিজ ফোন ইত্যাদি থাকে। এই রিসরটে পৌঁছে দেখলাম প্রত্যেক ফ্যামিলির জন্য দুটো বা তিনটে ঘর, আলাদা বাথরুম, কিচেন সঙ্গে ওভেন, বাসনপত্র, রান্নার জিনিসপত্র, এমনকি কফি, ফ্রিজ, টি ভি, মাইক্রয়েভ ফোন লণ্ড্রী মেশিন সব রয়েছে। ইচ্ছে করলে রান্না করেও খাওয়া যাবে। আমাদের ফ্যামিলির জন্য যে ঘরটি নির্দিষ্ট হল, সেখানে আমি বাথরুম সমেত আলাদা একটি ঘর পেলাম। সবচেয়ে বড় কথা, সবকটি ফ্যামিলি একই রিসরটে কাছাকাছির মধ্যে ঘর পেয়েছিলাম। নাতির জন্য

ওপরে আলাদা একটা ঘর আর বিছানা পাওয়া গিয়েছিল। ওপরের ঘর বলতে দোতলা নয়, আমাদের ঘরের একটা অংশে মাঝামাঝি উচ্চতায় ছোট একটা ঘর আর রেলিং দিয়ে ঘেরা অল্প একটু খোলা জায়গা খাট বিছানা সমেত ব্যবস্থা করে রাখা ছিল। তাকে বলে লফট। সেটাই ওকে দেওয়া হল। খুব খুশি। ওর খুব মজা লেগেছিল, সারাদিন সেখানে কাটাত। আর সবাই একই রিসরটে কাছাকাছি থাকার ফলে প্রত্যেক দিন কোন এক জনের ঘরে সবাই মিলে আড্ডা দিতে দিতে খাওয়া দাওয়া করতাম। দিনগুলো খুব মজায় কাটত।

২৩শে ডিসেম্বর রবিবার। সেদিন দিনের বেলা রিহার্সাল নামে একটা অনুষ্ঠান ছিল। সেখানে পাত্র পাত্রী ও তাদের মা বাবারা ছাড়া আর কারা কারা গিয়েছিল, আমার ঠিক মনে নেই তবে আমি যাই নি। ঘরে থেকে গেলাম। সঙ্গে বই এনেছিলাম, তাই পড়ে সময় কাটালাম। একই জায়গায় সবাই কাছাকাছি থাকার সুবিধাও ছিল। যে ফ্যামিলি থেকে কেউ যায় নি, সেখান থেকে কোন একজন এসে গল্প করে আমার একাকীত্ব দূর করেছে।

২৪শে ডিসেম্বর সোমবার। আজ আমরা Spook Hill নামে একটা মজার জায়গা দেখতে গিয়েছিলাম। জায়গাটার বৈশিষ্ট হল, গাড়ি যখন রাস্তার উঁচু দিকে উঠতে থাকছে, তখন মনে হবে গাড়ি গড়িয়ে গড়িয়ে নীচে নেমে আসছে। সেই অনুভুতির জন্য আকাশে খটখটে রোদ্দুর থাকা চাই। আমাদের কপাল মন্দ, আকাশে মেঘ থাকায় আমরা সেই অনুভূতি থেকে বঞ্চিত হলাম। তবে হুপটি ডু রিভিয়ু রেস্টুরেন্টে ডিনার খেতে গিয়ে খুব আনন্দ পেয়েছি। ডিনারের সঙ্গে আমোদ প্রমোদের ব্যবস্থা হিসাবে নাচ গান হাস্য

কৌতুকের ব্যবস্থাও ছিল। শিল্পীরা যে স্টেজের মধ্যে সীমাবদ্ধ থেকে নাচে গানে কৌতুকে আমাদের আনন্দ দিয়েছিল তাই নয়, স্টেজের থেকে নেমে এসে দর্শকদের সঙ্গে মিশে গিয়েও সকলকে আনন্দে ভরিয়ে রাখছিল। আনন্দময় সেই অনুষ্ঠান খুবই উপভোগ্য ছিল।

২৫শে ডিসেম্বর মঙ্গলবার। আজ কোন অনুষ্ঠান নেই। আজ বড়দিন সারা ডিজনি ওয়ার্ল্ড আলোয় ঝলমল করছে। চারিদিকে ছোটবড় নানারকম খৃস্টমাস ট্রি বিভিন্ন অরনামেনন্ট দিয়ে, আলো দিয়ে সুন্দর করে সাজিয়ে তোলা হয়েছে। সেদিন হুইল চেয়ারে বসে ডিজনিকে ঘুরে ঘুরে দেখতে লাগলাম। কতরকম ফাউনটেন বা ঝরনা দেখলাম। সাধারণত ঝরনার জল উঁচু থেকে নীচে পড়ে। একটা ঝরনার জলধারা একটা গোলাকার সিমেন্টের বেদির বাইরের ফাটল অংশের চারপাশ থেকে গোল হয়ে ঘিরে ওপর দিকে উঠে ভেতরে লাফিয়ে পড়ছে। দেখতে খুব সুন্দর লাগছিল। শেষে গেলাম এপকট অর্থাৎ এক্সপেরিমেন্টাল প্রোটোটাইপ কমিউনিটি অফ টুমরো দেখতে। সেখানে আমার সবচেয়ে প্রিয় সোরইন এরাউনড দি ওয়ার্ল্ড রাইডে উঠলাম। হলঘরে ঢুকে দেখি বাঁ দিক থেকে ডান দিক জুড়ে পরপর এক সারি বেশ কিছু চেয়ার রয়েছে। সেখানে বসে সিট বেল্ট বাঁধতে হল, দুপায়ের মধ্য দিয়ে আর একটা বেল্ট কোমরের সঙ্গে বাঁধতে হল। চেয়ারগুলো একটু ওপরে উঠলে যাতে কোন অঘটন না ঘটে তার জন্য সতর্কতামূলক এই ব্যবস্থা আর আমাদের যাতে মনে হয় আমরা উড়তে উড়তে পৃথিবী ভ্রমণ করছি। সত্যি তাই মনে হয়েছিল যখন নীচে তাকিয়ে দেখছিলাম এক এক করে বিখ্যাত সব নদনদী, পাহাড় পর্বত, পিরামিড, দি গ্রেট ওয়াল অফ চায়না, তাজমহল ইত্যাদির ওপর দিয়ে উড়তে উড়তে চলেছি।

বিস্ময়ের আর সীমা ছিল না। এরপর হোটেলে ফিরে যাওয়া। আগেরবারে দেখা, তাই আর কিছু দেখলাম না।

পরের দিন ২৬শে ডিসেম্বর বুধবার। এই তারিখে পাত্রপাত্রীর বিয়ের দিন। পাত্রপাত্রী অন্য হোটেলে ছিল। নাম দী গ্র্যান্ড ফ্লরিডিয়ম। খুব নামী দামী আর লেকের ধারে বিরাট বড় হোটেল। আগে বলে রাখি পাত্রপাত্রী ভিন্ন ধর্মের মানুষ। একজন হিন্দু আর একজন ক্রিশ্চিয়ান। বর্তমানে ভিন্ন ধর্মের যে কেউ খৃস্ট ধর্ম গ্রহণ না করেও একজন খৃস্টানকে বিয়ে করতে পারে। ওরাও সেই পথই বেছে নিয়েছে। আমেরিকায় সেই ব্যবস্থা আছে। সাধারণ চার্চ বা মন্দির কোথাও কাউকে যেতে হবে না। এমনকি চার্চ বা মন্দিরের কোন পুরোহিত লাগবে না। আত্মীয় অনাত্মীয় যে কেউ বিয়ের অনুষ্ঠানে পৌরোহিত্য করতে পারে। তবে তাকে ইউনিভার্সাল চার্চের কাছ থেকে এ বিষয়ে পড়াশুনা করে পরীক্ষা দিয়ে পাশ করতে হবে। তাহলে সে সার্টিফিকেট পাবে এবং এই ধরনের যে কোন বিয়েতে পৌরোহিত্য করতে পারবে। এক্ষেত্রে পাত্রের কাজিন এই পরীক্ষায় পাশ করে ওদের বিয়েতে পৌরোহিত্য করেছে। সেই বিয়েতে কোন ধর্মীয় দেবতার নামে শপথ গ্রহণ করা হবে না। তিনি হবেন ইউনিভার্সাল ফেথের গড যার নামে শপথ নেওয়া যাবে। ডিজনির ওয়েডিং প্যাভিলিয়ন-এ বিয়ে হওয়া ভাগ্যের কথা। যেমনই সুন্দর ও সুসজ্জিত, তেমনই অত্যন্ত ব্যয়সাপেক্ষ বটে। ভেতরে ঢুকে দেখি বিবাহ মঞ্চের সামনে একটু নীচে লম্বা করে দুপাশে অনেক চেয়ার পাতা রয়েছে। একদিকে পাত্র পক্ষের আত্মীয় স্বজন এবং আর একদিকে পাত্রী পক্ষের আত্মীয় স্বজন বসবে। আমরা দুপক্ষ দুদিকে বসলাম। মাঝখানের খোলা রাস্তাটায় প্যাভিয়লনে ঢোকার

মুখ থেকে বিবাহ মঞ্চ পর্যন্ত লম্বা সাদা কাপড় টানটান করে পেতে রাখা আছে। সেই অংশটায় কেউ পা রাখছে না। একদিক থেকে অন্য দিকে যেতে হলে লাফ দিয়ে যাচ্ছে। যে যার জায়গায় বসে আছি। হঠাৎ দেখি প্যাভিলিয়নের দরজা খুলে গেল। উভয় পক্ষের বাবা মায়েরা তাদের স্বামীদের বাঁ হাতের কনুই ডান হাত দিয়ে ধরে সমান তালে পা ফেলে ধীর গতিতে বিবাহ মণ্ডপে পৌঁছলেন। তারপরে পাত্রের প্রাণোচ্ছল হাস্যময়ী কাজিন, তার পদমর্যাদার উপযুক্ত লম্বা উত্তরীয় বাঁ কাঁধে রেখে গাম্ভীর্যের সঙ্গে ধীর পদক্ষেপে মণ্ডপে পৌঁছল। খুব সম্ভব এর পরে পাত্রের বড় ভাই যে এই বিয়েতে বেস্ট ম্যান হয়েছে, সে মণ্ডপে পৌঁছে গেল। এবার পাত্রীর বোন যার পদমর্যাদা হচ্ছে ব্রাইড'স মেইড বা মেইড অফ অনার, সেও যথাসময়ে মণ্ডপে চলে এল। পাত্রপাত্রী যখন একইভাবে ধীর গতিতে এগিয়ে আসছিল তখন পাত্রীর সাদা গাউনের অতিরিক্ত বেশ কিছু অংশ মাটিতে লুটিয়ে রাখা হয়েছিল। কখন অগোছালো হয়ে গেলে কেউ এসে বাড়তি অংশটা আবার মাটিতে সুন্দর করে ছড়িয়ে দিচ্ছিল। বড় থেকে ছোট তিনজন, যারা ছিল গ্রুম'স ম্যান, সুসজ্জিত তারাও গাম্ভীর্য বজায় রেখে ধীর গতিতে মণ্ডপে পৌঁছল। এখন পাত্রীর বাবা এসে পাত্রীর হাতের সঙ্গে পাত্রের হাত মিলিয়ে দিলেন। যাদের বিয়ে তারা দুজনে গোলাপ ফুলের স্তবক হাতে নিয়ে দাঁড়িয়ে ছিল। উভয়ের মায়েরা এসে দাঁড়ালে দুজনে তাদের মায়েদের হাতে সেই স্তবক দিল। এবার বিয়ে শুরু হতে চলেছে। ওরা কাজিনের সামনে দাঁড়িয়ে। আমরা সকলে উঠে দাঁড়ালাম। তাদের কাজিন আমাদের বসতে অনুরোধ করল। সে এই ব্যাপারে পড়াশুনা করে নিজে লিখে রাখা কিছু অংশ ওদের কাছে পড়ে শোনাল। এরপর

ওদের দুজনের কাছ থেকে আলাদা করে জানতে চাইল যে ওরা নিজেরা পরস্পরকে বিয়ে করতে রাজি হয়েছে কিনা। তাদের দুজনের কাছ থেকে আলাদা করে সম্মতি পেয়ে ওদের উভয়ের ফ্যামিলির কাছ থেকে জানতে চাইল যে এই ব্যাপারে কারুর কোন আপত্তি আছে কিনা। কারুর কোন আপত্তি না থাকায় ওদের বিবাহিত ঘোষণা করা হল। এই শুভ মুহূর্তে মেয়ের বাপের বাড়ি ছেড়ে ভিন্ন পরিবেশে চলে যাওয়ার কথা ভেবে শুধু মেয়ের মায়ের চোখেই যে জল এসেছিল তাই নয়, ছেলের মায়ের চোখও শুখনো ছিল না। কারণ ভিন্ন পরিবেশে শুধু মেয়েটি যায় না,ছেলেও তার সঙ্গে থাকে। তারা নিজেদের পছন্দমতো নিজস্ব ছোট নীড়ে বাসা বাঁধে। যদিও দুজনেই প্রাপ্তবয়স্ক, তবুও মায়েদের মন মানে না। যতক্ষণ পর্যন্ত না তারা নতুন সংসার জীবনে সুন্দরভাবে প্রতিষ্ঠালাভ করছে, তাদের মায়েদের মনে কোথায় একটু দুশ্চিন্তা থেকে যায়। শেষে আংটি বদল হল। বর কনের হাতে, কনে বরের হাতে আংটি পরিয়ে দিল। আধ ঘণ্টা বা পৌনে একঘণ্টা সময় লাগল বিয়ে সম্পূর্ণ হতে। এখন ছবি তোলা হবে। প্রথমে নব দম্পতি ফুলের স্তবক হাতে নিয়ে বিভিন্ন পোজে ছবি তুলল। পরে তারা দুজনে উভয়ের ফ্যামিলির সঙ্গে আলাদাভাবে ছবি তুলল। দুটি ফ্যামিলিও নিজেরা আলাদাভাবে ক্যামেরা ম্যানের সামনে দাঁড়াল। সবশেষে বিয়েতে উপস্থিত সকলকে নিয়ে একটা গ্রুপ ফটো উঠল। এবার ডিনারে যাওয়ার পালা। এখন নব দম্পতি এক ঘোড়ার একটি এক্কা গাড়িতে চড়ে একটি ভাল রেস্টুরেন্টে সকলের সঙ্গে ডিনার সারতে গেল। আমরা সকলে যে যার গাড়িতে করে ডিনারের নিমন্ত্রণ রক্ষা করতে চললাম। উপরি পাওনা হিসাবে ডিনারের শেষে কেক কাটার

সময় দেখতে পেলাম সামনের কোন লেকে খৃস্টমাসের ফায়ার ওয়ার্কস বা বাজির উৎসব। বিয়ের অনুষ্ঠান শেষ। এখন হোটেলে প্রত্যাবর্তন।

২৭শে ডিসেম্বর, বৃহস্পতিবার। এদিন ছেলে বউ নাতি যাবে পার্কে, হাই রাইডে চড়বে। আমি যেতে পারব না, হোটেলে বসে বই পড়ে কাটিয়ে দিলাম। রাতে ডিনার সেরে ঘুম।

২৮শে ডিসেম্বর শুক্রবার। আজ রাতে ক্রুজে চড়ে নৌকা বিহার হবে। সন্ধ্যাবেলায় বেরিয়ে পড়লাম ডিজনি ওয়ার্ল্ডের লেকে নৌকাবিহার করতে। সাতটার সময় আমরা ক্রুজে উঠলাম। হুইল চেয়ার থেকে নেমে ছেলের সঙ্গে ধীরে ধীরে হেঁটে ক্রুজ পর্যন্ত পৌঁছলাম। দেখেই ভয় লেগেছে, কিভাবে উঠব। সবাই মিলে ধরাধরি করে আমায় নামিয়ে নিল। ক্রুজের এক মহিলা কর্মচারীও সাহায্যের হাত বাড়িয়ে দিলেন। নেমে ক্রুজের সব অংশ ঘুরে দেখতে পারি নি। কারণ ক্রুজটি দোতলা। থামা অবস্থায় থাকলেও সিঁড়ি বেয়ে ওপরে উঠে ঘুরে দেখা আমার পক্ষে সম্ভব ছিল না। আমি যে ভাল করে হাঁটতে পারি না। ছেলেই ধরে ধরে একতলাটা ঘুরে দেখাল। সেখানে দুটো ঘরে দুটো খাটে বিছানা পাতা রয়েছে। যে কেউ রাত্রিবাস করলে ঘুমাতে পারবে। কিচেন সঙ্গে ডাইনিং রুম। খাওয়ার কোন অসুবিধা নেই। স্নান ইত্যাদির জন্য বাথরুম আছে। আমার নাতি তার কাজিনদের সঙ্গে দোতলায় ছিল, কখন নীচে আসছিল, ওর খুব মজা লেগেছিল। আমি, আমার ছেলে বউ এবং আরও দু একজন নীচে খোলা আকাশের নীচে বসেছিলাম। ক্রুজ চলতে শুরু করল। ডিজনির চারপাশ আলোয় আলোকিত। আলোকমালায় সজ্জিত বিরাট খৃস্টমাস ট্রি এবং ওয়েডিং প্যাভিলিয়ন

ধীরে ধীরে দূরে সরে যাচ্ছে। আর অন্যান্য দর্শনীয় জায়গাগুলি এগিয়ে আসছে। চলতে চলতে লেকের কোন এক জায়গায় ফায়ার ওয়ার্কস (Fire Works) দেখতে পেলাম। ক্রুজে বসে জলের ওপর ভাসমান অবস্থায় ডিজনির আলোকসজ্জা দেখতে দেখতে কখন যে দুঘণ্টা পেরিয়ে গেল, ঠিক বুঝে উঠতে পারি নি। হঠাৎ দেখি যেখান থেকে উঠেছিলাম, সেখানে পৌঁছে গিয়েছি। চলে যেতে ইচ্ছে করছিল না। ছোট থেকে নৌকা, লঞ্চে অনেক চড়েছি। বইতে ক্রুজের অনেক গল্প পড়েছি। তাই খুব ভাল লাগছিল। এবার হোটেলে পৌঁছে ঘুম।

২৯শে ডিসেম্বর শনিবার। আজ ডিজনিতে থাকার শেষ দিন। আমার ছুটি। সকলে যথারীতি পার্কে ঘুরতে গেল। সঙ্গে হাই রাইডে চড়বে।

৩০শে ডিসেম্বর রবিবার। সকালে উঠে স্নান সেরে ব্রেকফাস্ট করে বেলা এগারোটার মধ্যে হোটেল ছেড়ে দেওয়া হল। নবদম্পতি এখানে থাকবে। তাদের নতুন জীবনের প্রথম মধুরতম দিনগুলি এখানেই কাটাবে অর্থাৎ হানিমুন সারবে। সবকিছু গুছিয়ে নিয়ে আমরা হোটেল ছেড়ে বাড়ির পথে রওনা দিলাম। অনেকে একটানা গাড়ি চালিয়ে সেদিন রাত্রে বাড়ি পৌঁছে গিয়েছিল। আমরা মাঝপথে হোটেলে একরাত্রি বিশ্রাম করে পরের দিন আবার যাত্রা করলাম। অবশেষে ৩১শে ডিসেম্বর বছরের শেষ দিন সোমবার বিকেল সাড়ে চারটে নাগাদ বাড়িতে ফিরে এলাম। সঙ্গে থাকল কিছু ভাল লাগা স্মৃতি।

## সাগর বেলায়

দেখেছ কি কখনও দিগন্তবিস্তৃত নীল আকাশের নিচে—
অতলান্তিক মহাসাগরের বিস্তীর্ণ বালুকাবেলায়
চোখের ঠিক সামনে তোমারি পায়ের কাছে,
ঊর্মিমুখর ফেনিল সাগরের জল তরঙ্গমালায় নাচে।
সে কি বালখিল্যের খুশীমতো উথাল পাথাল নাচন?
অথবা ছেলেমানুষি ক্ষোভের হাত পা ছুঁড়ে কাঁদন।
না কি দৈত্য দানোর ভয় দেখানো তর্জন, গর্জন?
তীরে এসে ফেনা তুলে ভেঙে যায় সেই আস্ফালন।
জানি না, তবে সেটা বুঝতে না পারার বেদনা।
মনটাকে দিতে পারে না কোন সান্ত্বনা।
কেন যে তাও তো জানি না।
অথচ সামনের দিকে দূরে যতদূরে দৃষ্টি যায়,
দিগন্তের দূর নীলিমায়—
অর্ধ চন্দ্রাকারে কোন সুদূর মহাশূন্য থেকে
আকাশ নেমে এসে সাগরের জল মেখে—
কী গভীর আলিঙ্গনে বদ্ধ হয় তারা,
যেন দীর্ঘ বিরহের অবসানে স্তব্ধ, বাক্যহারা,
নেই কোন সাড়া ।
নেই কোন তরঙ্গ ভঙ্গের ফেনিল উচ্ছ্বাস,
আছে শুধু ধ্যানমগ্ন অতলান্ত হৃদয়ের গভীর আশ্বাস।
যেন নিলাম্বু আর নীলাম্বর মিলেমিশে নীলিমায় নীল।
কী গভীর কী অন্তর্গূঢ় তাদের মিল।
গভীরতা আনে অপার তৃপ্তি আর শান্তি,
মুছে ফেলে জীবনের দুঃখ কষ্ট আর ক্লান্তি।

# স্মরণিকা

❖❖❖

## শ্রদ্ধেয়া দিদি শেফালি বিশ্বাসের প্রয়াণে

দেখে এলাম পুণ্যবতীর অন্তিম শয়ান—
বার্ধক্যেও শ্রান্তিহীন, মৃদুহাসি চির অম্লান।
দীর্ঘ দিনের শিক্ষিকা জীবনে কত ছাত্রীর মনে,
শাসনে আদরে মাখা অম্লমধুর স্মৃতি ভাসে আনমনে।
পরম কৃষ্ণ ভক্ত, নিয়ম নিষ্ঠ, উদার সে জীবন,
সাগ্রহে সময়ের পরিবর্তনকেও করেছে গ্রহণ।
ব্রাহ্মমুহূর্তে ঝুলন পূর্ণিমার শুরুতে কৃষ্ণই নিলেন তাঁরে টানি,
সার্থক হল পরমাত্মার সাথে জীবাত্মার সে মিলনখানি।
"ন হন্যতে হন্যমানে শরীরে", গীতার এই বাণী—
স্বজনহারার বিয়োগ ব্যথায় আত্মার অমরত্বই শান্তি দেয় আনি।

## স্বর্গতা লেখার স্মরণে শ্রদ্ধাঞ্জলি

দুর্বোধ্য নয়, অস্পষ্ট নয় ঝকঝকে আর খোলা মনের লেখা,
উদার মনের মানুষ যে তাই, মনটি ছিল ভালবাসায় মাখা।
শারীরিক যত কষ্ট ছিল, সহ্য করত এমন হাসিমুখে,
আতিথেয়তার কোন ত্রুটি পড়ত না কো কখন কারো চোখে।
সেই লেখা আজ মুছে গেল, হারিয়ে গেল ঝরা পাতার মতো,
সবার মনে রেখে গেল ভালবাসার স্মৃতি সুধা যত।
পার্থিব এই জগৎ থেকে হারিয়ে গেলেও হারাই নি তো সে,
এই জগতের চারিদিকেই আছে সে যে আকাশে বাতাসে।
প্রিয়জনের বিয়োগ ব্যথায় সান্ত্বনা দেয় গীতার অমোঘ বাণী,
'ন হন্যতে হন্যমানে শরীরে' এই কথাটি পরম সত্য মানি।

দীপ্তি চক্রবর্তী

# আশীর্বাদ

❖❖❖

## দিদুর আশীর্বাদ

(শ্রীমান অরিজিত ও শ্রীমতী প্রিয়াঙ্কার বিবাহের প্রীতি সম্মেলন উপলক্ষ্যে)

হেমন্তের এই গোধূলিতে শিশির ভেজা পথে,
কে এলে গো দেখি দেখি, নাতির সাথে বসে তারই রথে।
নাতির বিয়ে দেখব বলে কবে থেকে বসে আছি শুধু,
তুমি আমার নাতবউ আর আমি তোমার দিদু।
সকাল থেকে আনন্দে তাই আকাশ বাতাস সাজে,
তোমায় বরণ করে নিতে উলুধ্বনি, শঙ্খধ্বনি বাজে।
এসো এসো নাতবউ গো, কালকে তোমার ফুলশয্যার রাতে,
নাতির মনটি রাঙিয়ে দিয়ো অনুরাগের সাথে।
সোনার টুকরো নাতি আমার, সোনার মতো মন,
সুখে দুঃখে তারই পাশে থেকো সর্বক্ষণ।
নাতির পাশে থাকবে তুমি, তোমার পাশে নাতি,
মনের মধ্যে ডুব দিয়ে তার থেকো প্রেমের সাথি।
আশিস আমার রইল জেনো তোমাদেরই মাথে,
সারাজীবন আনন্দেতে কাটুক একই সাথে।

## বৃদ্ধার আশীর্বাদ

আশি বছরের বৃদ্ধা আমি অথর্ব আর অক্ষম এখন,
তবুও তো ধন্য হল, ধন্য হল দীর্ঘ এ জীবন।
চলৎশক্তিহীন হয়ে বিদেশেতে ছেলের কাছে এসে,
অনেকগুলি ছেলেমেয়ে আর নাতিনাতনি পেয়ে গেলাম শেষে।
তাদের সঙ্গে মেলামেশা আর তাদের ভালবাসা,
প্রাণে হঠাৎ ঢেউ তুলল বেঁচে থাকার আশা।
ছেলে তাদের ডেকে নিয়ে করছে আমার জন্মদিন পালন,
ভাষা নেইকো মুখেতে আর আবেগেতে আপ্লুত নয়ন।
ছেলেমেয়ে, নাতিনাতনি সকলকেই জানাই আশীর্বাদ,
মনের ইচ্ছা পূর্ণ হোক, মিটুক সকল সাধ।
তোমরা সবাই সুখে থাকো, ভালো থাকো সারা জীবন ধরে,
আনন্দ আর ভালবাসায় সকলেরই জীবন উঠুক ভরে।

## সৌম্যাভ

সৌম্যাভর সৌম্য আভা ছড়িয়ে পড়ুক দিকেদিকে,
তরুণ নও জোয়ান।,
পড়াশুনা আর খেলাধুলায় দৃঢ়প্রতিজ্ঞ, একনিষ্ঠ,
সে যে তারুণ্যেরই দান।
সেই দানেতে ঋদ্ধ হয়ে দৃঢ় পায়ে এগিয়ে চলো লক্ষ্য স্থির রেখে,
সফলতায় ভরবে জীবন বাবা মায়ের আশিস মাথায় মেখে।
উচ্চ শিক্ষায় যাচ্ছ দূরে, বাবা মায়ের কোলটি ছেড়ে,

দীপ্তি চক্রবর্তী

জ্ঞানী হয়ে ফিরে এসো, মনটি তাদের যাবে ভরে।
সবার মাঝে সেরা হয়ে জগৎ জোড়া নামটি নিয়ে,
এগিয়ে চলো সামনে দিকে, সবার মনে শান্তি দিয়ে।
আমারও তো নাতি তুমি, মনে প্রাণে আশিস জানাই তাই,
জয়ী হও, মানুষ হও, সুখী হও আর কিছু না চাই।

## আদিত্য

দেবমাতা অদিতির পুত্র তুমি নভোমণি আদিত্য,
প্রভাতবেলায় কিরণচ্ছটায় বিনাশ করো অন্ধকারের দৈত্য।
প্রভাত কিরণে পথটি দেখে, এগিয়ে চল জ্ঞানের দিকে,
জ্ঞানী হয়ে ফিরে এসো, জয়ধ্বনি উঠুক চারিদিকে।
মিষ্টি মধুর হাসিখানি, সরলতায় ভরা,
তারুণ্যের দানে ঋদ্ধ স্নিগ্ধতায় গড়া।
জ্ঞানের তৃষ্ণায় ভালবেসে কত যে বই পড়,
আত্মবিশ্বাসে এগিয়ে চলে বিশ্ব জয় করো।
উচ্চ শিক্ষায় যাবে দূরে, বাবা মায়ের কোলটি ছেড়ে,
ফিরে এসো স্বাবলম্বী আর জ্ঞানী মানুষ হয়ে।
এই কটা দিন কাটবে তাদের আশার আলো বয়ে।
আমিও এক ঠামমা তোমার, মনে প্রাণে আশিস জানাই তাই,
জয়ী হও, সফল হও, সুখী হও, আর কিছু না চাই।

## অভিরূপ

অভিরূপ নামেই আছেন বিষ্ণু মহেশ্বর
দুই দেবতার আশীর্বাদ তুমি হলে উজ্জল ভাস্বর।
তরুণ তুমি তরুণ নও জোয়ান,
সাহসিকতা আর উদারতা তারুণ্যেরই দান।
সেই দানেতে ঋদ্ধ হয়ে, বাবা মায়ের আশিস মাথায় মেখে,
এগিয়ে চল জ্ঞানের দিকে লক্ষ্য স্থির রেখে,
জিজ্ঞাসু মন জ্ঞানের তৃষ্ণায় হয় যে পরিশ্রমী।
বই হল তার প্রথম সোপান, জ্ঞানের জন্মভূমি।
তাইতো তুমি পাঠ্যবই ছাড়াও অনেক বই পড়।
এভাবেতে চললে তুমি হবে অনেক বড়।
উচ্চশিক্ষায় যাবে দূরে, বাবা মায়ের কোলটি ছেড়ে।
জ্ঞানী হয়ে ফিরে এসো জয়ের মুকুট মাথায় পরে।
বাবা মায়ের কাটবে দিন, তোমার আশায় পথটি চেয়ে,
আনন্দাশ্রু পড়বে ঝরে, তোমায় আবার কাছে পেয়ে।
তুমি আমার আদরের নাতি, মনে প্রাণে আশিস জানাই তাই।
জ্ঞানী হও, মানুষ হও, সুখী হও, আর কিছু না চাই।

দীপ্তি চক্রবর্তী

## নিপু আর সাহিদের বিবাহের পঁচিশ বছর পূর্তি উপলক্ষে কিছু কথা

পঁচিশ বছর কেটে গেল দুজনেরই, একসঙ্গে একই ছাদের তলায়,
তাই বলে কি, ঝগড়াঝাঁটি নেইকো মোটেই, তাও কখনও হয়?
শুধুই মিষ্টি যায় না খাওয়া, না থাকলে সঙ্গে কিছু ঝাল,
মিলন অনেক মধুর হয়, কেটে গেলে বিরহেরই কাল।
ঝাল মিষ্টি সঙ্গে নিয়েই এগিয়ে চলো জীবন-তরী বেয়ে,
বুড়ো বয়সেও ঝগড়া কোরো মান অভিমান নিয়ে।
নাতি নাতনি থাকলে কাছে, হাসবে মজা পেয়ে।
প্রেমের ঝগড়া মন্দ নয় গো, প্রেমের সঙ্গে থেকে,
প্রেমটাকেই যে বাড়িয়ে দেয় সে নিজেকে আড়াল রেখে।
পূর্বরাগ, অনুরাগ, বিরহ মিলন, কতশত সুখ দুঃখের স্মৃতি,
দীর্ঘ দিনে জমাট বেঁধে গাঢ় হল, প্রেম, ভালবাসা প্রীতি।
রজতজয়ন্তী বছরে তাই সবাই মিলে করি আয়োজন,
আনন্দেরই ভাগ নিতে আজ চায় যে সবার মন।
আজকের এই উৎসবেতে মালাবদলের সাথে,
ওদের মনে বিয়ের স্মৃতি উঠবে জেগে রাতে।
মিষ্টিমুখতো সারা হল, এবার পালাই চল সবে,
এখন ওরা একলা ঘরে প্রেম সাগরে মগ্ন হয়ে রবে।

## সুহিতা ও সৌরভের বিবাহের পঁচিশ বছর পূর্তি উপলক্ষে

ওদের বিয়ের পঁচিশ বছর পূর্ণ হবে আর কিছু দিন পরে,
সুখে দুঃখে ভালবাসায় দুজনেরই জীবন আছে ভরে।
দীর্ঘ দিনের আলাপ ওদের, দীর্ঘ দিনের প্রেম,
দীর্ঘ পঁচিশ বছর পরে উঠল হয়ে নিকষিত হেম।
ঝগড়াঝাঁটি কি হয় না মোটেই?, হয় বলেই তো জানি,
লংকার ঝাঁঝ না থাকলে যে পানসে জীবনখানি।
মান অভিমান না থাকলে কি ভালবাসা জমে?
বৈচিত্র্যহীন ভালবাসায় ক্লান্তি আসে, মনটা যায় দমে।
মান ভঞ্জন হয়ে গেলে, ভালবাসা আবার ফিরে আসে,
আনন্দেতে তখন ওরা নতুন করে প্রেম সাগরে ভাসে।
মজা করে কর্তা বলে, 'ঝগড়া শুরুর মালিক হল গিন্নি',
অভিমানে গিন্নি বলে, 'ঝগড়া আমি করি কি শুধু এমনি'?
আমরা বলি, 'নারদ, নারদ' এই রকমই চলুক খানিকক্ষণ,
এই সুযোগে আমরা সবাই রজত জয়ন্তীর করি আয়োজন।
পূর্বরাগ, অনুরাগ, বিরহ মিলন কতশত সুখ দুঃখের স্মৃতি,
দীর্ঘ দিনে জমাট বেঁধে গাঢ় হল প্রেম ভালবাসা প্রীতি।
পঁচিশ বছর পূর্ণ হলে, সেই আনন্দে তখন ওদের মনে,
আসবে ফিরে বিয়ের দিনটা, কাটবে রাত প্রেমের আলাপনে।
রজত জয়ন্তী বছরে তাই নতুন করে মালা বদলের সাথে,
মহানন্দে মিষ্টি মুখও সারা হবে সেদিন শুভ রাতে।
'মধুরেন সমাপয়েৎ', এবার সবাই মিলে পালিয়ে যেতে হবে,
তবেই ওরা একলা ঘরে ভালবাসার স্মৃতি সুধায় মগ্ন হয়ে রবে।

## সাতের বাহার

(শ্রীমান সোহম ও শ্রীমতী মেগানের বিবাহ উপলক্ষে)
আশীর্বাদের শুভ ক্ষণে
জানা গেল, সাতের বাহার আছে ওদের বিবাহ বন্ধনে।
আশীর্বাদের দিনটি শুরু সপ্তম মাসের সাত তারিখে,
বিয়ের দিনে ছাঁদনাতলায় পড়বে বাঁধা সাতটি পাকে।
সাত জন্মের বাঁধন এটা লোকে বলে তাই,
জনশ্রুতি বলেই এটা ভেবে নেওয়া চাই।
তারপরেতে কুশণ্ডিকা, হোমের বেদী,
অগ্নি সাক্ষী রইবে সাথে, প্রদক্ষিণে সপ্তপদী।
সবার শেষে, ভালবাসা আর আশিস ভরা,
মায়ের হাতে তৈরি করা, সাতরঙা ঐ রঙিন উত্তরীয়,
নানা রঙে রঙিন করে তুলবে জীবন, লাগবে রমণীয়।
আনন্দেতে ওদের মনেও উঠবে বেজে সপ্তসুরের মূর্ছনা,
দুটি মনের মিলনেতে পূর্ণ হবে সবার মনস্কামনা।

## কল্যাণীয় নোটন

অনেকদিন তোমার সঙ্গে কোন কথা হয় নি। কেমন আছ? কতদিন হয়ে গেল তোমার সঙ্গে দেখা হয় না বলতো? সোনার বিয়েতেও এলে না যে দেখা হবে। শুধু কুন্তলা আর বাবুই এসেছিল, ওদের সঙ্গে দেখা হয়েছে। এই বছর ১৩ই জুন আমার আশি বছর পূর্ণ হচ্ছে। তাই এই বছরে বাপ্তু আমার জন্মদিন পালন করতে

চায়। ওর বন্ধু বান্ধবদের বলবে। কিন্তু তোমাদের তো কাউকে কাছে পাব না। তাই ভাল লাগছে না।

সপ্তাহের পাঁচদিন সকাল থেকে বিকেল ৩টা ৩০মিনিটে নাতি স্কুল থেকে না ফেরা পর্যন্ত একাই থাকি। আজকাল দেখি ঐ ফাঁকা সময়ে যতসব পুরোনো কথা মনে পড়ে। খুব ছোটবেলায় মাম্মার (ঠাকুরমা) সঙ্গে পৌষ মাসে শ্যামনগরের কালী বাড়িতে পুজো দিতে যেতাম। যতদূর মনে পড়ে পৌষ মাসে জোড়া মুলো দিয়ে পূজা দেওয়ার রীতি ছিল। শুনেছি তাই জন্য মূলাজোড় কালীবাড়ি বলা হত। ঠিক উল্টো দিকে ছিল এক মস্ত রাজবাড়ী। তখন জানতাম সেই রাজবাড়ীর পূর্বপুরুষ এই কালী মন্দির প্রতিষ্ঠা করেন। তাঁদের উত্তরাধিকারী কোন বর্তমান রাজা যখন আসেন, এই বাড়ির নির্দিষ্ট অংশে থাকেন। বাকি অংশে থাকেন কালীবাড়ির ম্যানেজার, পূজারি আর অন্যান্য সব কর্মচারী। যে বিরাট অংশটা দেখতে পেতাম সেখানে থাকতেন কালীবাড়ির ম্যানেজার যে বাড়িতে আমি বিয়ে হয়ে এলাম।

ছোটবেলায় ঐ বিশাল রাজ বাড়িটা আমার মনটাকে খুব টানত। অবাক হয়ে তাকিয়ে থাকতাম আর ভাবতাম ঐ বাড়িতে যারা থাকে তাদের না জানি কি মজা। কত বড় বড় ঘর আর লুকোচুরি খেলার কত জায়গা। মেলাটা মাম্মার সঙ্গে ঘুরে ঘুরে দেখতাম। মেলা থেকে মাম্মা তার সাংসারিক প্রয়োজনীয় জিনিস কিনত আর আমাকে কিনে দিত কাঁচের চুড়ি। আমি দারুণ খুশি হতাম। এভাবে ঐ বাড়িটার প্রতি একটা মজার আকর্ষণ গড়ে ওঠে। ধীরে ধীরে বড় হয়ে উঠলাম। মোটামুটি লেখাপড়া শিখলাম, বিয়ের বয়স হল। স্কুলে চাকরি করতে লাগলাম। হঠাৎ একদিন ঐ বিশাল বাড়িটা থেকে আমায় দেখতে এল এবং পছন্দ করল। সত্যি একদিন বউ হয়ে সেখানে ঢুকলাম। বিয়ের পর কত আনন্দে দিনগুলো যে

কেটেছে এখনো সেসব মনে পড়ে। তখন জানলাম এই রাজবাড়িটা এবং কালীমন্দির পাথুরিয়া ঘাটা ঠাকুর বাড়ির পূর্বপুরুষের তৈরি। সে যাই হোক, দিদির ঘরে বড় বিছানায় বসে সবাই মিলে বাবুলের গান শুনতাম আর কত আড্ডা দিতাম সে কথা মনে পড়ে? তাছাড়া তোমাদের ভাঁড়ার ঘরের সামনে একটা চৌকি পাতা থাকত, তাতে তোমার মামাকে ঘিরে ছুটির দিনে সকাল বেলা জলখাবার খেতে খেতে চলত আড্ডা। তোমাদের বাড়িতে সকালে কেউ চা খেত না। কিন্তু আমি সকালে চা খেতাম। তাই আমার জন্য চা হত তবে তোমার মামার জন্য নয়। তাই সে চৌকিতে বসে বসে নাকে সুরসুরি দিয়ে হাঁচত আর দিদিকে শুনিয়ে শুনিয়ে বলত যে ঠাণ্ডা লেগেছে বোধ হয়, একটু আদা চা হলে ভাল হত। কারণ তোমার মামা জানত যে ওষুধ হিসাবে আদা চা খেতে দিদির মত পাওয়া যাবে। এই রকম নানা কথা মনে পড়ে আর বসে বসে শুধু ভাবি। এছাড়া আমার তো এখন কোন কাজ নেই।

এত কথা কেন বললাম জানি না। আসলে কথা কাকেই বা বলব? যারা শুনবে, তারা তো উপলব্ধি করতে পারবে না, তাই তোমার কাছে এসব কথা বললাম। কেমন আছ? শরীর সুস্থ আছে তো? বাবুই আর কুন্তলা কেমন আছে? তোমরা সবাই আমার আশীর্বাদ নিও। ভাল থেকো। আমি ভাল আছি।

ইতি মামিমা

# আমার বিশ্লেষণ

## কবিগুরু রবীন্দ্রনাথ ঠাকুরের 'আমি' কবিতাটির মর্মার্থ
### (উপলব্ধির একটু চেষ্টা)

এক কথায় বলা চলে যে এই কবিতায় সৃষ্টি, স্থিতি ও লয়ের কথা বলা হয়েছে। চেতনার মধ্যে আমিত্বের জাগরণ অর্থাৎ সৃষ্টির কালের কথা রয়েছে। সেই আমিত্বের অহং বোধ যতক্ষণ পর্যন্ত না 'বিশ্ব আমি'র রচনার আসরে অমরত্বের প্রতিযোগিতায় নেমেছে, ততক্ষণ তার স্থিতিকাল। তারপর শুরু তার লয়।

"আমারই চেতনার রঙে ---------পাত্রে নিয়ে রঙ"। অসীম অনন্ত যে পরমাত্মা, তিনি যখন জীবাত্মারূপে সীমার মধ্যে নিজেকে আবদ্ধ করলেন, তখন তাঁর মধ্যে একটা চেতনা বা বোধ জাগ্রত হল, যার ফলে তিনি নিজেকে উপলব্ধি করতে পারলেন। সেই চেতনা বা বোধই হল 'আমি'। এই 'আমি' বলতে কবি একজন ব্যক্তিকে বোঝাতে চান নি, সমগ্র মানব সমাজকে বোঝাতে চেয়েছেন। তাই তিনি মানব জাতির একটি অংশ বা ব্যক্তি হিসাবে নিজে গর্ব বোধ করছেন। সেই 'আমি'র সীমার মধ্যে আলো আর আঁধার মিলেমিশে নানারকমের রঙ, রস, বর্ণ গন্ধ ইত্যাদি তৈরি হল। আসলে আমি নামে যে চেতনা জেগে উঠল, সেই কিন্তু এইসব সুন্দর বর্ণ বৈচিত্র্য উপলব্ধি করতে পারল। তার চোখে পান্নার রঙ সবুজ, চুনীর রঙ লাল বলে মনে হল। অসীমের মধ্যে আলাদা করে

আলোর কোন উপলব্ধি থাকে না। আমি নামক চেতনা সীমার মধ্যে আছে বলে আকাশের দিকে তকিয়ে আলো উপলব্ধি করতে পারল, গোলাপের দিকে তাকিয়ে তাকে সুন্দর বলে মনে হল। অসীমের মধ্যে সীমার প্রয়োজনীয়তা ও সত্যতা এখানে স্বীকার করা হয়েছে। কারণ অচেতনের মধ্যে কোন কিছুরই অস্তিত্ববোধ থাকে না। সেখানে সবই শূন্য, অন্ধকার। সম্ভবত সেই কারণে কোন ইংরেজ কবি তাঁর একটি কবিতায় বলেছেন, যে তাঁর জন্মের সঙ্গেই পৃথিবী সৃষ্টি হয়েছে, আবার তাঁর মৃত্যুর সঙ্গে পৃথিবী ধ্বংস হয়ে যাবে। 'আমি' কবিতাটির এই অংশে সেই চেতনার উন্মেষের কথাই বলা হয়েছে যে চেতনা দর্পণ বা আয়নার মতো ভালমন্দকে তার বোধ বা চেতনায় ফুটিয়ে তোলে যার অভাবে কোনকিছুর অস্তিত্ব থাকে না। অন্ধকার আছে বলেই আলোর মূল্য আছে। তাই কবির মতে চেতনা বা বোধ কখন অলীক বা মিথ্যা নয়। তত্ত্বজ্ঞানীরা বলেন, এই যে সীমাবদ্ধতা যার মধ্যে অসীম পরমাত্মার অংশ জীবাত্মা আছে সে তো মায়া। মায়ার দ্বারা আবদ্ধ জীবের চারদিকে যেসব রঙ, রস, বর্ণ, গন্ধ ফুটে উঠছে সেগুলোও মায়া, মোহ। আর তাই সেগুলো অলীক, অসত্য। তত্ত্বজ্ঞানীদের মতে আবদ্ধ জীবাত্মার কোন মুক্তি নেই। তার মুক্তি কেবলমাত্র অসীম অনন্ত পরমাত্মার সঙ্গে মিলন হলেই সম্ভব হবে। কবির মতে নিজেকে উপলব্ধি করতে হলে শুধু অসীম নয়, সীমারও প্রয়োজন আছে।

সীমাকে অস্বীকার করলে জীবন থেকে পালাতে হয়। স্বীকার করলে সীমার মধ্যেও অসীমকে উপলব্ধি করা যায়। অন্য এক জায়গায় কবি তাই বলেছেন, "সীমার মাঝে অসীম তুমি বাজাও আপন সুর/তোমার মধ্যে আমার প্রকাশ তাই এত মধুর"। সীমার

মধ্যে আবদ্ধ জীব মায়া নয়, অলীক বা অসত্য নয়। বন্ধনের মধ্যেও যে সৌন্দর্যের মুক্তি, তৃপ্তির আনন্দ, যে আত্ম উপলব্ধি থাকে, সে কথা তত্ত্বজ্ঞানীরা বোঝেন না। তাঁরা কেবল নেতিবাচক দিকগুলোই জপ করতে থাকেন, "না,না,না,— না পান্না, না চুনি, না আলো, না গোলাপ, না আমি, না তুমি। "অর্থাৎ যা কিছু ভাল, যা কিছু সুন্দর সবকিছুকে তাঁরা মায়া, মিথ্যা এইসব অজুহাতে জীবন থেকে দূরে সরিয়ে রাখতে চান। কবি সেখানে আপত্তি করেছেন। তিনি সুন্দরের পূজারী। সকল অবস্থার মধ্যে তিনি সুন্দরকে খুঁজে বেড়ান। তাই তাঁর চোখে সবকিছু সুন্দর হয়ে ফুটে ওঠে। মন্দ আর মন্দ থাকে না। মন্দের মধ্যেও ভালো দিক থাকে। সেও ভাল হতে চায়। ভালমন্দ, আলো আঁধার এই দুয়ে মিলেই তো আমি বা আমার বোধ। সেটাই তো মানুষের আমিত্বের অহংকার। এই অহংকারের ওপর চেতনার বা বোধশক্তির প্রেক্ষাপট তৈরি হয়। সেই চেতনার প্রেক্ষাপটে কবি যখন সুন্দরের কাব্য লেখেন, তখন সেটা মায়া নয়, অলীক বা অবাস্তব নয়। 'আমি' বা চেতনার এই অহংকার বাড়তে বাড়তে যখন বিশ্ব আমি-র রচনার আসরে অমরত্ব লাভের মিথ্যা আশা করে, তখনই মানুষের পতন আসন্ন হয়। কারণ সীমার মধ্যে আলো আঁধার, ভালমন্দের মিলনে যে সৌন্দর্য থাকে, সেটা অতিক্রম না করার একটা অদৃশ্য নিষেধ থাকে।

সীমা অতিক্রম করলে আলো আঁধারের সীমার মধ্যে আমিত্বের যে বোধশক্তি সৃষ্টি হয়েছিল সেটা নষ্ট হয়ে যায়। সীমা অতিক্রম না করে চেতনার প্রেক্ষাপটে কবি যে সুন্দরের কাব্য লেখেন সেটা মায়া বা অলীক নয়। কারণ কাব্য কখন অলীক বা মিথ্যা দিয়ে তৈরি হয় না, তার শিকড় বা ভিত্তি থাকে চেতনার মধ্যে

সত্যের ওপর দাঁড়িয়ে। কাজেই সীমায় আবদ্ধ জীবাত্মা বা 'আমি'র চারপাশে যে আলো আঁধার সৃষ্টি হয়েছে, যার কাছে সুন্দর এসে ধরা দিয়েছে, মায়া মমতা, ভালবাসা মর্যাদা দিয়েছে, প্রাণবন্ত করেছে, মুক্তির অজুহাতে সেই সীমার বন্ধনকে অস্বীকার করে তার কাছ থেকে পালিয়ে মুক্তি পাওয়া যায় না। কবি তাই বলেছেন, "সহস্র বন্ধন মাঝে মহানন্দময় লভিব মুক্তির স্বাদ"। একটা আছে বলেই অন্যটার অস্তিত্ব রয়েছে। সীমা না থাকলে অসীম বলে কিছু হয় না। অন্ধকার না থাকলে আলোর অস্তিত্ব থাকে না। তাই তো অসীম যিনি, তিনি সীমার বাঁধনে বাঁধা পড়তে, মানুষের সীমানায় পৌঁছবার জন্য সাধনা করেছেন। মায়ার মধ্যেই ধরা দিতে চেয়েছেন। 'না' তাই মায়ার মন্ত্রে 'হাঁ' হয়ে গেল। অর্থাৎ যাকে মায়া বলে দূরে সরিয়ে রাখা হয়েছিল, এভাবেই সেটা সত্যের স্বীকৃতি লাভ করল। সেই পরম আনন্দ মানুষের মনকে পুলকিত করল। সেই 'আমি' তখন পাত্রে রঙ আর হাতে তুলি নিয়ে 'বিশ্ব-আমি'র রচনার আসরে নিজেকে প্রকাশ করার আনন্দে আনন্দিত হয়ে উঠল। এই পর্যন্ত সৃষ্টি ও স্থিতির কথা কবি বলেছেন।

"পণ্ডিত বলছেন------- বলবেন 'বলো, আমি ভালবাসি'"। 'আমি' কবিতায় আমার চেতনা, আমার অহংকার সীমাবদ্ধতার প্রেক্ষাপটে যেমন সত্য বলে স্বীকৃতি লাভ করেছে, তেমনি সীমা অতিক্রমের ফলে প্রলয় বা বিনাশের সত্যতাও স্বীকৃতি পেয়েছে। সৃষ্টি, স্থিতি, বিনাশের মধ্য দিয়ে চক্রাকারে মহাকাল ঘুরে চলেছে। এই পরিবর্তন চিরসত্য। সৃষ্টির পরে স্থিতির পূর্ণতাপ্রাপ্তি ঘটলে ধ্বংসের রূপ ধরে আসে প্রলয়, ঘটে প্রবল জলোচ্ছ্বাস। ভাসিয়ে নিয়ে যায় মানুষের সভ্যতা, সংস্কৃতি, উন্নত সভ্যতার চরম উৎকর্ষ।

মহাশূন্যে সবকিছু বিলীন হয়ে যায়। চন্দ্রের আকর্ষণে সাগরে জোয়ার আসে, জলোচ্ছ্বাস হয়। বিজ্ঞানীরা বলেন, চন্দ্র পৃথিবীর সমবয়সী। কবির মতে বৃদ্ধ অভিজ্ঞ চন্দ্র তাই বুঝতে পারছে যে পৃথিবীর ধ্বংস অনিবার্য, মহাপ্রলয়ের দিন আসন্ন। মানুষ যখন সভ্যতার উন্নত পর্যায়ে পৌঁছে নিজেকে, নিজের সভ্যতাকে অমর বলে মনে করে, তখন নিজের হাতে নিজের ধ্বংস ডেকে আনে, নেমে আসে মহাকালের ধ্বংসলীলা। সীমার মধ্যে মানুষ পেয়েছে অসীমের উপলব্ধি। 'আমি'র অহংকার আর আলো আঁধারের প্রেক্ষাপটে ফুটিয়ে তুলেছে স্বীয় চেতনাকে, তার ব্যক্তিত্বকে। এসবই সত্য। আবার এও সত্য যে সীমাহীন অহংকার উন্নত সভ্যতার পতন ডেকে আনে। একথা আর কেউ না বুঝলেও বৃদ্ধ অভিজ্ঞ চন্দ্র বুঝেছে। কারণ অতীতের প্রাচীন সভ্যতাগুলি উন্নতির চরম সীমায় পৌঁছানোর পরে ধ্বংসের পথে বিলীন হয়ে গেছে। বৃদ্ধ চন্দ্র সেসব সভ্যতাগুলির উন্নতি ও পতনের প্রত্যক্ষদর্শী বলেই তার যথেষ্ট অভিজ্ঞতা হয়েছে। তাই সে চুপ করে আছে সময়ের অপেক্ষায়। যখন চন্দ্রের আকর্ষণে আর মানুষের গর্বোদ্ধত হঠকারিতায় প্রবল জলোচ্ছ্বাসের ফলে মহাপ্রলয় আসবে তখন মানুষের সভ্যতা, তার অবিস্মরণীয় কীর্তি, অমরতার বৃথা চেষ্টা, দিনরাত্রির হিসাবনিকাশ সব জলের তোড়ে মহাকালের অতল গহ্বরে তলিয়ে যাবে। থাকবে শুধু জল আর মহাশূন্য। সীমা মুছে যাবে অসীমের মধ্যে। মানুষের ইতিহাস বলে কিছু থাকবে না, সেখানে লেপে যাবে অনন্ত অন্ধকার। এইভাবে মানুষ তার ক্ষমতার অপব্যবহার, শক্তির দম্ভ, পরস্পরের প্রতি বিদ্বেষ, হানাহানির ফলে ক্ষমতার সীমা লঙ্ঘন করে অসীমে মিশে যাবে। অসীমের মধ্যে সীমার বন্ধন না থাকায় তাকে আর কেউ রক্ষা

করতে পারবে না। মহাবিশ্বে তখন শুধু শক্তির কম্পন, ভাঙাগড়ার খেলা চলবে। মহাশূন্যে আলো নেই, সুর নেই, কবিত্ব নেই, ব্যক্তিত্ব নেই। কবির মতে, ব্যক্তিত্বহীন বিধাতা নীলিমাহীন আকাশে একা ব্যক্তিত্বহারা অস্তিত্বের গণিত তত্ত্ব নিয়ে হিসাব করে বুঝতে চাইবেন, কী ছিল, কী নেই। কতটা আর কীভাবে সেই অস্তিত্বকে ফিরিয়ে আনা সম্ভব হবে। কারণ এই মহাবিশ্বের দূরদূরান্তে লোকে লোকান্তরে এরকম প্রাণের সন্ধান মেলে নি। এই সুন্দর ধরণী এবং সভ্যতা, ভালবাসা আর কোথাও নেই। পৃথিবীতে যা ছিল তা শুধুমাত্র মানুষের অহমিকার মাত্রাতিরিক্ত লোভ হিংসা স্বার্থপরতায় সম্পূর্ণ নিঃশেষ হয়ে গেছে। তাই বিধাতাকে আবার সাধনায় বসতে হবে। সাধনা ছাড়া কিছুই সৃষ্টি করা যায় না। সুন্দর আর ভালবাসাকে সীমার বাঁধনে সৃষ্টি করতে হবে। এই সাধনা বড় কঠিন সাধনা। যুগযুগ লেগে যাবে সাধনার দ্বারা সৃষ্টিকে সফল করতে। সেই সৃষ্টি খুব ধীরে ধীরে আদিম অবস্থা থেকে উত্তরণের পথে এগিয়ে যাবে, এটাও সত্য। এভাবেই মানুষের আমিত্ব, চেতনা, তার ব্যক্তিত্ব, অহংকার, আকাঙ্ক্ষা, মানব সভ্যতাকে সৃষ্টি করবে, লালন করবে, আবার একইভাবে তাকে ধ্বংস করে ফেলবে। সৃষ্টি, স্থিতি, লয় এভাবেই চলেছে। কবির মতে, আমি নামক এই যে চেতনা যা সুন্দরকে সৃষ্টি করেছে, প্রাণে ভালবাসা দিয়েছে, তা বিধাতাকেও ভালবাসতে শিখিয়েছে। সেই ভালবাসার জন্যই বিধাতা প্রলয় সন্ধ্যাতেও জপ করবেন— "কথা কও, কথা কও,
．．．．．．．．．．．．বলবেন 'বলো, তুমি সুন্দর,
．．．．．．．．．．．．বলবেন 'বলো, আমি ভালবাসি'।

## নিয়মের প্রয়োজনীয়তা

একইসময় একইভাবে কাজ করে যেতে হবে প্রতিদিন, একথা ভাবলেই মনে হয়, 'ছেড়ে দে মা, কেঁদে বাঁচি'। কিন্তু সত্যি কি যখন যা ইচ্ছা তাই করে বাঁচা যায়? প্রতিদিন সকাল দুপুর রাতে একই সময়ে খিদে পায়, রাত্রি হলে ঘুম পায়। তখন মনে হয় না, এগুলো একঘেয়েমি তাই খাওয়া ঘুম জীবন থেকে বাদ দিয়ে দেব। কিন্তু সেটা করতে গেলে নিয়মের বদলে কোন নিয়ম না মেনে অনিয়ম করলে সেটাই এসে শরীরটাকে অসুস্থ ও দুর্বল করতে করতে প্রাণ পাখিটাকে খাঁচা ছাড়া করে ছাড়বে। আমরা যে নিয়মের মধ্যে জন্ম থেকে মৃত্যু পর্যন্ত আগাগোড়া বাঁধা।

আপাত সুখকর অনিয়ম আসলে আমাদের জীবনে দুঃখকেই ডেকে আনে। নিয়ম না মানলে, যখন যা খুশি তাই করলে, এলোমেলো আর অগোছালো জীবনে পদে পদে অসুবিধা ঘটে, এমন কি বিপদও আসতে পারে। সেসব থেকে উদ্ধার পেতে, জীবনকে সুন্দরভাবে গড়ে তুলতে, কোন মহত উদ্দেশ্য সাধনের লক্ষ্যে এগিয়ে যেতে হলে নিয়মের মধ্য দিয়ে যেতে হয়, অনিয়মের মধ্য দিয়ে কোন লক্ষ্যে পৌঁছান যায় না। কষ্ট হলেও ছোট থেকে নিয়মিত কিছু ভাল জিনিস অভ্যাস করতে করতে ভাল লাগা আসে, সেটাই তাকে ভালবাসায় পরিণত করে। তাতে অভ্যস্ত হয়ে গেলে লক্ষ্যে পৌঁছতে অসুবিধা হয় না। সুঅভ্যাসের ফলে জিনিসপত্র ঠিক সময়ে ঠিক জায়গায় পাওয়া যায়, অযথা হয়রান হতে হয় না। সময়ের কাজ সময়ে হয়। হাতে অনেক সময় পাওয়া যায়। তখন রুটিন বাঁধা নিয়মের বাইরে গিয়ে আমরা নিজেদের মতো নির্মল আনন্দ

**দীপ্তি চক্রবর্তী**

উপভোগ করি, যেটা অন্য নিয়ম হলেও, লাগামছাড়া কোন অনিয়ম নয়। রামেন্দ্রসুন্দর ত্রিবেদীর 'নিয়মের রাজত্ব' বলে একটা প্রবন্ধে পড়েছি যে পৃথিবীটা হল নিয়মের রাজত্ব। এখানে কোন অনিয়মের স্থান নেই অর্থাৎ নিয়ম ছাড়া এখানে কিছুই ঘটে না। যেমন, নদী বা সমুদ্রে একটা পাথরের টুকরো ফেললে মাধ্যাকর্ষণ শক্তির প্রভাবে সেটা জলে ডুবে যাবে, সেই নদী বা সমুদ্রে যাত্রীবাহী বা পণ্যবাহী ভারী ভারী জাহাজ দেশদেশান্তরে চলাচল করছে, ডুবে যাচ্ছে না। এটার মধ্যেও একটা নিয়ম আছে। সাঁতার না জানা মানুষ যেমন গভীর জলে ডুবে যায়, সাঁতার জানা থাকলে এবং সাঁতার কাটার মতো শারীরিক ক্ষমতা থাকলে সে কিন্তু ডুবে যাবে না। ঠিক সেই নিয়মেই মাধ্যাকর্ষণ শক্তির বদলে যে শক্তি বা নিয়মগুলি মানলে ভারী জাহাজগুলি সমুদ্রের জলে ডুবে যাবে না, সেই নিয়মগুলি মেনেই জাহাজ জলের ওপর চলাচল করছে অর্থাৎ নিয়মের বাইরে কিছুই যেতে পারছে না। কথায় আছে যে পূজার যে মন্ত্র।

যুগের পরিবর্তনের সঙ্গে ব্যক্তি, পরিবার বা সমাজ জীবনেও অনেক পরিবর্তন আসে। সঙ্গে আসে অনেক অপরিচিত নিয়ম, প্রচলিত নিয়মের পরিপ্রেক্ষিতে যেগুলোকে অনিয়ম বলেই মনে হয়। যখন পুরানো যৌথপরিবার ভেঙে ছোট পরিবার, পর্দা প্রথা ভেঙে মেয়েদের লেখাপড়া শেখা বা চাকরি করতে যাওয়া ইত্যাদির প্রচলন ঘটল তখন প্রাথমিক ধাক্কা কেটে গেলে দেখা গেল যে সেখানে কোন অন্যায় বা অনিয়ম ছিল না, বরং যুগোপযোগী সঠিক নিয়মগুলি সেখানেও আছে। এই যুগ বা কোন কিছুর পরিবর্তন প্রয়োজনের তাগিদে স্বাভাবিক নিয়মানুযায়ী ঘটে, যা না ঘটলে অগ্রগতিহীন পৃথিবী স্থবিরতার মধ্যেই ধ্বংস হয়ে যেত। প্রাকৃতিক

নিয়ম অনুযায়ী সুজলা, সুফলা শস্য শ্যামলা ধরণী আজ মানুষের বাসযোগ্য হয়েছে, যেগুলি না মানলে প্রকৃতিও একদিন মানুষের বাসযোগ্য থাকবে না।

প্রকৃতির মতো মানুষকেও নিয়ম মেনে সুন্দর ও সফল জীবনে পৌঁছতে হবে। আচমকা কোন বিপদাপদ ঘটলে তখন কিন্তু দৈনন্দিন জীবনের সাধারণ নিয়মগুলি আর খাটে না। কথায় আছে, 'আপদে নিয়মো নাস্তি'। তার মানে কোন নিয়ম নেই তা নয়, আপদকালীন নিয়ম আছে। অর্থাৎ বিপদের সময়েও প্রয়োজনীয় নিয়ম মেনেই বিপদের হাত থেকে উদ্ধার পেতে হবে। বিপদ কেটে গেলে আবার দৈনন্দিন নিয়মের মধ্যে ফিরে যেতে হয়। অসুখ করলে কটু বা তেতো ওষুধ কষ্টকর হলেও খেতে হয়, অসুখ সেরে গেলে তার কোন প্রয়োজন থাকে না।

মানুষ সামাজিক জীব। মানুষের প্রয়োজনে সমাজ গড়ে উঠেছে। তাই সমাজকেও কিছু নিয়ম মেনে চলতে হয়। অনেক নিয়ম আছে যেগুলি সমাজের আপদকালীন নিয়মের বা অন্য কোন সামাজিক প্রয়োজনে গড়ে উঠেছিল। যেমন সতীদাহ প্রথা, সমাজে মেয়েদের পর্দা প্রথা ইত্যাদি। পরবর্তী কালে প্রয়োজন ফুরিয়ে গেলেও সমাজের স্বার্থান্বেষী মানুষ নিজেদের স্বার্থে অমানবিক প্রথাগুলিকে টিকিয়ে রেখে দিয়েছিল। তখনই রামমোহনের মতো মহাপুরুষেরা এসে অপ্রয়োজনীয়, অমানবিক নিয়মের নাগপাশ থেকে সমাজকে মুক্ত করেন। রবীন্দ্রনাথ 'পরিচয়' গ্রন্থে 'ভারতবর্ষে ইতিহাসের ধারা' প্রবন্ধে এক জায়গায় বলেছেন, আর্যদের ভারতে আগমনকালে 'যে জাতি সংঘাত ঘটিয়াছে তাহা অত্যন্ত বিরুদ্ধ জাতির সংঘাত। তাহাদের মধ্যে বর্ণের ও আদর্শের ভেদ এতই

গুরুতর যে এই প্রবল বিরুদ্ধতার আঘাতে ভারতবর্ষের আত্মরক্ষণীশক্তিই বলবান হইয়া উঠিয়াছে'। কারণ হিসাবে তিনি বলেছেন যে তুষারাবৃত আল্পস গিরিমালার শিখরে দুঃসাহসিকেরা যখন আরোহণ করতে চেষ্টা করে, তখন তারা নিজেকে দড়ি দিয়ে বাঁধতে বাঁধতে এগিয়ে যায়, কারণ এগিয়ে যাওয়ার চেয়েও পিছলিয়ে অন্যের পথে নষ্ট হওয়ার ভয় অনেক বেশি থাকে। তাই সেখানে আত্মপ্রসারণী শক্তির চেয়েও আত্মরক্ষণী শক্তির প্রয়োজন বেশি ছিল। কিন্তু বিপদ কেটে গেলে অর্থাৎ প্রয়োজন ফুরিয়ে গেলে আত্মরক্ষার জন্য সেই দড়ির শক্ত বাঁধন বা নিয়মের কঠোর বাঁধন অপ্রয়োজনীয় হয়ে পড়ে। সেখানেই বোধের অভাবে বা স্বার্থান্বেষী মানুষ নিজেদের স্বার্থে নিয়মের কঠোরতা বজায় রেখে সমাজকে আচল ও অভিশপ্ত করে তোলে। মহাপুরুষেরা এসে সমাজ জীবনকে নিয়মের কঠোরতা থেকে মুক্ত করে সুস্থ ও স্বাভাবিক জীবন দান করেন। সেটা নিয়ম শূন্য কোন জীবন নয়। আলো বাতাস ভরা সুশৃঙ্খল নিয়মানুবর্তী সামাজিক জীবন। ব্যক্তি, পরিবার বা সমাজ যে কোন জীবনই হোক না কেন, ভালভাবে ও সুস্থভাবে বাঁচার জন্যই নিয়মের প্রয়োজন। তবে উপযুক্ত সময়ে সঠিক পরিমাণ ও পরিমাপ অনুযায়ী।

# বিবর্তিত বাঙালিয়ানা

'সেই ট্র্যাডিশন সমানে চলেছে'। পালামৌ গ্রন্থের লেখক সঞ্জীবচন্দ্র চট্টোপাধ্যায়ের অভিজ্ঞতালব্ধ এই বাক্য প্রায় প্রবাদে পরিণত হয়েছে। আগেকার দিনে বংসানুক্রমিকধারার প্রচলন বেশি ছিল। জীবনযাত্রা ছিল গতানুগতিক। চাকরির জন্য, ব্যবসার জন্য মানুষ সাধারণত এলাকার বাইরে যেত না। জীবিকার জন্য পারিবারিক কর্মধারাকে অনুসরণ করত। ব্রাহ্মণের ছেলে যজন, যাজন, শিক্ষকতা কর্মকারের ছেলে, স্বর্ণকারের ছেলে বা অন্যান্য পেশায় নিযুক্ত পরিবারের ছেলেরা নিজের নিজের পেশায় নিযুক্ত হত। পরিবর্তন যে হোত না, তা নয়, কিন্তু সেটা এত ধীরে ধিরে, যে পরিবর্তন বলে বোঝা যেত না। তাই মধ্যবয়স্ক পিতার কাজ যখন তার অবর্তমানে তারই মধ্যবয়স্ক পুত্র করছে তখন স্বাভাবিকভাবেই লেখকের মনে এই ধারণা হয়েছিল।

কিন্তু বিজ্ঞানের দ্রুত উন্নতির ফলে মানুষের জীবনযাত্রাতে পরিবর্তন শুরু হতে থাকল। চিকিৎসা শাস্ত্রের উন্নতি, পরিবহণের উন্নতি, নারীদের মধ্যে শিক্ষার প্রসার, রেডিও, সিনেমা প্রভৃতির আবিষ্কার মানুষকে সুন্দরভাবে বাঁচার আশ্বাস এনে দিল। তবে বিশ শতকের চারের দশক থেকে বাঙালির জীবনে দুর্যোগ নেমে এল। চারের দশকে দ্বিতীয় বিশ্বযুদ্ধ চলার ফলে দ্রব্যমূল্য বৃদ্ধির অন্যতম কারণ হয়ে উঠল যে মেয়েরা ঘরের কাজ ছাড়া অন্য কোন কাজ করে নি, তারাও তাদের যোগ্যতা অনুযায়ী অফিস কাছারিতে, লোকের বাড়িতে বাড়িতে কাজ করতে বের হল। 'রাঁধার পরে খাওয়া আর খাওয়ার পরে রাঁধা' বাঙালি নারীর এই চিরন্তন

বাঙালিয়ানার ছবিটা ছিঁড়তে শুরু করল। বাঙালি ছেলেরা এই সময় আর্থিক অনটনের কারণে পারিবারিক পেশাকে জীবিকা হিসাবে গ্রহণ করতে চাইল না। পরিবর্তনের সঙ্গে তাল মিলিয়ে, বেশি রোজগারের আশাতে, নতুনত্বের স্বাদ গ্রহণ করতে, তারা কলে, কারখানায়, রেলে, বাসে, ট্রামে, জীবিকার সন্ধানে ছুটে গেল। জীবিকার পরিবর্তনের সঙ্গে সঙ্গে তাদের চিরাচরিত বাঙালি পোশাকের পরিবর্তন করতে হল। ধুতি পাঞ্জাবী পরিহিত বাঙালির জায়গাতে প্যান্ট সার্ট পরিহিত বাঙালির আবির্ভাব ঘটল। বিজ্ঞানের অগ্রগতি জীবনেও গতি আনল। জীবন যাপন প্রণালিতেও সাবেকিয়ানার পরিবর্তন ঘটতে থাকল।

বাঙালির একটা স্বভাবগত বৈশিষ্ট্য হচ্ছে আলস্য প্রিয়তা। রবীন্দ্রনাথ বলেছেন 'ভদ্র মোরা শান্ত, পোষমানা এ প্রাণ, বোতাম আঁটা জামার নীচে শান্তিতে শয়ান', অথবা 'তৈল ঢালা স্নিগ্ধ তনু নিদ্রা রসে ভরা'। নদীমাতৃক বাংলার উর্বরা ভুমি এভাবে বাঙালিকে পরিশ্রম বিমুখ আলস্য প্রিয় বাঙালি করে রেখেছে। কিন্তু মাত্রাতিরিক্ত অন্যায় অবিচার, অত্যাচারে যখন কোন জাতির জড়ত্ব তাকে অনড়, অচল, গতিহীন করে রেখে দেয় তখনই ভগবান আবির্ভূত হন। শান্ত, ভদ্র, পোষমানা বাঙালি ধর্মের নামে সতীদাহ, বাল্যবিবাহ ও নানা কুসংস্কারের দ্বারা নারীকে যখন অন্যায় অত্যাচারে জর্জরিত করে রেখেছিল, যখন সমাজ অধর্মের অশুভ ছায়ায় ভরে গেল, তখনই আলস্যপ্রিয় বাঙালির ঘরে রামমোহন, বিদ্যাসাগর, বিবেকানন্দ, রবীন্দ্রনাথ প্রমুখ বহু মহাপুরুষের আবির্ভাব ঘটল। রামমোহন যিনি নারীদের সতী হওয়ার পারিবারিক সৌভাগ্যকে আর সামাজিক ঐতিহ্যকে অন্যায়, অধর্ম মনে করে সতীদাহের মতো

কুপ্রথা রোধ করেছিলেন, বিদ্যাসাগর যিনি বাল্যবিবাহ বন্ধ করছিলেন, নারীশিক্ষা ও বিধবা বিবাহের প্রচলন করেছিলেন, বিবেকানন্দ যিনি সমাজের শুভ চেতনাকে জাগিয়ে তুলতে 'উত্তিস্থত, জাগ্রত' বলে যুব সমাজকে ডাক দিয়েছিলেন, গীতাপাঠ বন্ধ করে মাঠে খেলা ধুলো করতে বলেছিলেন, রবীন্দ্রনাথ যিনি অসহায় দুর্বলদের আত্মবিশ্বাস জাগিয়ে তুলতে বলেছিলেন, 'যদি তোর ডাক শুনে কেউ না আসে,/তবে একলা চলো রে', আর অবলা নারীদের নিজের ভাগ্য জয় করে সবলা হতে বলেছিলেন, তাঁরা কেউই কিন্তু ট্র্যাডিশন বা ঐতিহ্য এই অজুহাতে কোনদিন অন্যায়, অবিচার, অত্যাচারকে প্রশয় দেন নি। যদি দিতেন তাহলে অলস, বিপন্ন বাঙালির বাঙালিয়ানা অন্ধকারের মধ্যেই শেষ নিশ্বাস ফেলত। প্রণম্য সেই সব মহাপুরুষদের সামনের দিকে এগিয়ে চলার অদম্য সাহসিকতাই বাঙালির রক্ষাকবচ।

আগেকার দিনে বাংলা ছিল গ্রাম নির্ভর, কৃষিপ্রধান। কিন্তু বিংশ শতাব্দীর মধ্যভাগ থেকে ধীরে ধীরে শহরের সংখ্যা বাড়তে লাগল। রাস্তাঘাট, পরিবহণ ব্যবস্থা, অফিস কাছারি সবই শহর কেন্দ্রিক হয়ে উঠল। তাই শহরের লোক সংখ্যা বাড়তে লাগল। গ্রাম থাকল অবহেলিত হয়ে। আগে বিনোদন বলতে বাঙালির জীবনে ছিল কবির লড়াই, তরজা, কীর্তন, কথকতা এই সব। কিন্তু বিংশ শতাব্দীর চার পাঁচের দশক থেকে রেডিও, সিনেমা, থিয়েটার এসবই হয়ে উঠল বাঙালি জীবনের বিনোদন মূলক অনুষ্ঠান। রেডিও অবশ্য শুধুই বিনোদন মূলক ছিল না, এখানে নানা শিক্ষা বিষয়ক অনুষ্ঠান যেমন দেশ বিদেশের খবরাখবর, শিশু মহল, মহিলা মহল, এমন কি নানা বিজ্ঞাপনও প্রচার করা হত। এইসব শুনতে শুনতে অশিক্ষিত

কাজের বউটিও অনেক কিছু জানতে পারত। আর তার মনেও নিজের সম্পর্কেও একটা বিশ্বাস গড়ে উঠত।

          কথায় বলে বাঙালির বারো মাসে তেরো পার্বণ। দোল, দুর্গোৎসব, কালীপূজার মতো বড় বড় উৎসব থেকে লক্ষ্মী, সরস্বতী, ইতু, মনসা, জয় মঙ্গলবার, গাজন, প্রভৃতি ছোট ছোট পূজা পার্বণ সারা বছর ধরেই লেগে থাকত। দুর্গাপূজা, কালী পূজার মতো বড় উৎসবগুলি রাজবাড়ি ও জমিদার বাড়ির পৃষ্ঠপোষকতায় তাদের বাড়িতে অনুষ্ঠিত হত। গ্রামের মানুষজন পূজার কদিন ঠাকুরের দর্শন ও প্রসাদ পেত। বাঙালির ঐতিহ্যপূর্ণ ও ব্যয়সাপেক্ষ এইসব বড় বড় পূজা সাধারণ মধ্যবিত্তর পক্ষে করা সম্ভব ছিল না। তারা ঘরোয়া ছোট ছোট বার ব্রত পালন করত। বিংশ শতকে জমিদারী প্রথা লোপ পেলে রাজবাড়ি বা জমিদার বাড়ির বদলে এইসব পূজার দায়িত্ব ভার প্রধানত ব্যবসায়ীরা গ্রহণ করে। পাড়ার বিভিন্ন ক্লাব বা সংগঠন বড় ব্যবসায়ীদের আর্থিক সহায়তায় এবং পাড়ায় পাড়ায় চাঁদা তুলে ক্লাবের মাঠে বা রাস্তার মোড়ে মণ্ডপ সাজিয়ে সার্বজনীন পূজা নামে পূজা শুরু করল। একুশ শতকে এই সব বড় ব্যবসায়ীদের সাথে মিডিয়াও যোগ দিল। থিম পূজার মধ্য দিয়ে ঠাকুরের গঠনে, আঙ্গিকে, মণ্ডপ সজ্জায়, আলোক সজ্জায় নতুনত্বের স্বাদ দেখা গেল। এইসব পূজা মণ্ডপগুলির মধ্যে প্রতিযোগিতার ব্যবস্থা করে মিডিয়া তাদের প্রচারের আলোয় নিয়ে আসে। দেশে বিদেশে সেগুলি প্রচারিত হয়। এর ফলে গৃহবন্দী অসুস্থ মানুষই শুধু নয়, ইউরোপ আমেরিকার প্রবাসী বাঙালিরাও ঠাকুর দর্শন থেকে বঞ্চিত হন না। এইভাবে পূজার ট্র্যাডিশন বজায় আছে। তবে আগেকার দিনে শান্ত সমাহিত পূজা বাড়িতে যে পবিত্র ভক্তি পূর্ণ

আবহাওয়া তৈরি হত, যেখানে আন্তরিকতার স্পর্শ পাওয়া যেত, প্রাণের স্পন্দন অনুভূত হত, সেসব এখন আর বড় একটা পাওয়া যায় না। একুশ শতকে পূজা পার্বণ হয়ে উঠেছে সুদৃশ্য বাহ্যাড়ম্বরের মোড়কে ব্যবসায়িক এক একেকটি প্যাকেজ। আর সাধারণ মানুষের কাছে সেই বিশেষ দিনগুলি তাই সাজগোজ, খাওয়া দাওয়া, মণ্ডপে মণ্ডপে ঠাকুর দেখার আনন্দে মেতে থাকা এক পালনীয় বাৎসরিক অনুষ্ঠান।

সাধারণত সাহিত্যের ভাষা ও আঞ্চলিক ভাষার অনেক পার্থক্য থাকে। পশ্চিম বাংলার কথ্য ভাষা ও প্রতিবেশী স্বাধীন বাংলাদেশের কথ্য ভাষার মধ্যেও উচ্চারণগত পার্থক্য লক্ষ্য করা যায়। যেমন আজকাল, সকলের এইরকম না বলে আইজ কাইল, হগগলের এইরকম উচ্চারণ করে। এভাবে ধীরে ধীরে ভাষার মধ্যে পারস্পরিক প্রভাবগত কারণে একটা মিশ্র রূপ দেখা যাছে। এছাড়া তাদের জীবনযাপন প্রণালী, রন্ধন পদ্ধতি, শিল্প কর্ম ইত্যাদির প্রভাব এদেশের সাহিত্য সংস্কৃতিতে পড়েছে। ওদিকে প্রতিবেশী স্বাধীন বাংলাদেশে বাংলা ভাষা ও সংস্কৃতির চর্চা সমানে এগিয়ে চলেছে। সেখানেও বাংলা গান, নাচ, কবিতা পাঠ, নাটক, ও বাংলা নববর্ষ পালনের মধ্য দিয়ে বাঙালিয়ানাকে বজায় রাখা হয়েছে। এছাড়াও পশ্চিম বাংলার বিভিন্ন জেলার কথ্য ভাষার মধ্যে শব্দ ও উচ্চারণের পার্থক্য আছে । মেদিনীপুরের ভাষা, নদীয়ার ভাষা, বীরভূমের ভাষা, ও দার্জিলিং জেলার ভাষার মধ্যে অঞ্চল গত পার্থক্য খুব পরিষ্কার। তবে কলকাতার ভাষাকেই সাধারণভাবে সাহিত্যের ভাষা হিসাবে গ্রহণ করা হয়েছে। ফলে বিভিন্ন জেলার প্রচুর প্রাচীন বাংলা শব্দ হারিয়ে যাচ্ছে। যেমন কুমড়ো অর্থাৎ ডিঙলা, চিংড়ি মাছ অর্থাৎ

খোসা মাছ, কুল অর্থাৎ বোর, গেণ্ডুয়া বা গেন্দ অর্থাৎ বল, বল্লা অর্থাৎ ব্যাট ইত্যাদি। আবার পেয়ালা, আরামকেদারা, সিন্দুক, চারপেয়ে এগুলির ব্যবহার এখন আর নেই। এগুলির ইংরেজি প্রতিশব্দগুলি বাংলা ভাষায় স্থায়ী আসন লাভ করেছে।

আগেকার দিনে সাহিত্যের ভাষায় চলতি ভাষার কোন দাম ছিল না। একটি পারিবারিক চিঠি লিখতে হলেও বিশুদ্ধ বাংলায় লিখতে লেখা হত। ধীরে ধীরে নানা পরিবর্তনের মধ্য দিয়ে বাংলা সাহিত্যে বিশুদ্ধ ভাষার পরিবর্তে চলতি বা মৌখিক ভাষার ব্যাবহার শুরু হল। আগেকার দিনের কবিতায় বা পদ্যে অন্ত্য মিল থাকা আবশ্যিক ছিল। মাইকেল মধুসূদন দত্ত মিত্রাক্ষর ছন্দের পরিবর্তে অমিত্রাক্ষর ছন্দের প্রবর্তন করেন। ফলে পদ্যে অন্তমিলের আর প্রয়োজন থাকল না। এই পরিবর্তনের মধ্য দিয়ে গদ্য ছন্দের প্রকাশ ঘটল। যেমন 'আমি' কবিতায় কবি বলেছেন, 'আমারই চেতনার রঙে পান্না হল সবুজ, চুনি উঠল রাঙা হয়ে' ইত্যাদি। মধুসূদন তাঁর মেঘনাদ বধ কাব্যে পৌরাণিক কাহানির কিছু পরিবর্তন ঘটিয়েছেন। তিনি দেখিয়েছেন, রামের বীরত্বের মধ্যে নিজের কোন পুরুষত্ব ছিল না। তিনি ছিলেন দেবতার কৃপা প্রার্থী। তাই তো মেঘনাদের স্ত্রী গর্বের সঙ্গে বলেছে, 'রাবণ শ্বশুর মম, মেঘনাদ স্বামি,/আমি কি ডরাই কভু ভিখারি রাঘবে?'

পরাধীন ভারতে স্কুল কলেজে শিক্ষার মাধ্যম ছিল ইংরেজি। শহরের মানুষ ইংরেজি ভাষায় শিক্ষিত হত। কিন্তু তখনও টোলে সংস্কৃত ভাষার চর্চা হত। বহু সংস্কৃত পণ্ডিত ছিলেন যাঁদের উপাধি ছিল তর্কালঙ্কার, ন্যায়লংকার, বেদান্ত বাগীশ ইত্যাদি। তবে গ্রামে গঞ্জে, পাঠশালায় বা আধা শহরে বাংলা পড়ানো হত। বাংলা ভাষায়

সাহিত্য চর্চা হত, কাব্য লেখা হত। বাড়িতে বাংলায় কথা বলা হত, চিঠি পত্র বাংলায় লেখা হত। লোকের মুখে মুখে বাংলা গান, রান্নাঘরে বাঙালি রান্না, পোশাক পরিচ্ছদে বাঙালি রীতি এসবেরই প্রচলন ছিল বেশি। কিন্তু দেশ স্বাধীন হওয়ার পর থেকে বাঙালি জীবনের চালচিত্রে একটা পরিবর্তন লক্ষ্য করা গেল। সিনেমার দৌলতে পরবর্তীকালে টি ভি র পর্দায় দেখা হিন্দি সিনেমার জাঁকজমকপূর্ণ জীবনযাত্রা, আকাশ পথে বিদেশ যাত্রা, বাড়ি গাড়ির বাহ্যাড়ম্বরের মধ্যে জীবন যুদ্ধে বিপর্যস্ত সর্বস্বান্ত বাঙালি তার স্বপ্নময় জগতের সাধ আহ্লাদ তৃপ্ত করার পথ খুঁজে পেল। পশ্চিমের প্রভাব বাঙালির চোখ ধাঁধিয়ে দিল। হিন্দি গানে, নাচে, হিন্দি লব্জে, শব্দে বাংলা ভাষা নতুন ভাবে সেজে উঠল। ইংরেজের শাসন মুক্ত বাঙালির জীবনকে ইংরেজি ভাষা অন্য ভাবে শাসন করতে লাগল। পাড়ায় পাড়ায় ব্যাঙের ছাতার মতো ইংরেজি স্কুল গজিয়ে উঠল। এদিকে দ্বিতীয় বিশ্ব যুদ্ধোত্তর খণ্ডিত পশ্চিম বাংলার আর্থ সামাজিক কাঠামোর মধ্যে অর্থনৈতিক ভারসাম্যের অভাব প্রকট হয়ে উঠল। ধনী আরও ধনী, গরিব আরও গরিব হতে লাগল। তাই ধনীর সন্তান নামী দামী ইংলিশ মিডিয়াম স্কুলে পড়ত আর গরিবের সন্তান আর্থিক অনটনের মধ্যেও পাড়ার কোন ছোট ইংরেজি স্কুলে পড়ত। কারণ ইংরেজি না জানলে তাদের কাছে জীবন বৃথা বলে মনে হত। বাংলা ভাষা বাঙালির কাছে বিমাতৃ সুলভ অনাদর পেতে লাগল। হিন্দি ও ইংরেজি তাদের কাছে আদরের ধন হয়ে উঠল। বিদেশি পোশাক পরিচ্ছদ, বিদেশি খাওয়া দাওয়া, এমন কি দুই বাঙালি বন্ধুর আলাপচারিতায় দশটা কথার মধ্যে পাঁচ ছয়টা কথা ইংরেজিতে হয়। রান্না ঘরে ঘুঁটে কয়লার উনুনে রান্না হয় না। পিঁড়ি পেতে

মাটিতে বসে খাওয়া হয় না। এখন সুসজ্জিত কিচেনে গ্যাস ওভেন জ্বলে। টেবিল চেয়ারে বসে লাঞ্চ বা ডিনার সারা হয়। এভাবে গতির সঙ্গে তাল মিলিয়ে জীবন এগিয়ে চলেছে এই জীবন যাত্রা এগিয়ে চলার জীবন্ত সাক্ষ্য ধরা আছে গত শতাব্দীর সিনেমার প্রথম দিকের ছবি থেকে একুশ শতকের সিনেমা এবং টি ভি সিরিয়ালের পর্দার মধ্যে। কী ভাবে ধীরে ধীরে বাঙালি জীবনে পরিবর্তন এসেছে, সাবেকিয়ানার পুরনো আচল যুক্তি, তর্ক, কুসংস্কার ভেঙে ফেলে নতুনের প্রতিষ্ঠা লাভ হয়েছে সে সমস্ত চোখের সামনে দেখা যাবে পুরনো সিনেমাগুলির মধ্যে। প্রথমে সংসারে এর বিরুদ্ধে কাল বৈশাখীর মতো ঝড় উঠেছে, আবার তা শান্ত হলে জীর্ণ ঝরা পাতার মতো যুগের পক্ষে অব্যবহার্য চিন্তা ভাবনা সরে গিয়ে নতুনের জায়গা করে দিয়েছে। এটাই তো কালের বা যুগের ধর্ম।

একুশ শতক গতির শতক। এযুগে ছেলেদের সঙ্গে সঙ্গে প্রয়োজনের তাগিদে মেয়ে বউরা চাকরি করতে বেরোল। চাকুরিরতা মেয়ে বউদের পক্ষে পূজা পার্বণ, ধর্মীয় অনুষ্ঠানে আচার বিচার মেনে, শুদ্ধাচারে পূজার আয়োজন করা সম্ভব নয়। তাই এখন ঠাকুরের পূজার জন্য ঘরে ঘরে নারকেল নাড়ু, চন্দ্রপুলি বা পৌষ পার্বণের পিঠে পায়েস, জন্মাষ্টমীর তালের বড়া, তালক্ষীর গড়ে ঘরে তৈরি হয় না। এখন এইসব জিনিস দোকানে কিনতে পাওয়া যায়। এমন কি ফুল, বেল পাতা, দূর্বা এসবও বাজারে কিনতে পাওয়া যায়। কিছু উচ্চশ্রেণীর মানুষ একসময় নিয়ম নিষ্ঠা আর শুদ্ধাচারের বেষ্টনী দিয়ে ঠাকুর দেবতাদের সর্বসাধারণের কাছ থেকে দূরে সরিয়ে ট্র্যাডিশন বা পরম্পরার মধ্যে বন্দী করে রেখেছিল। আবার যুগের প্রয়োজনে পরিবর্তনের সঙ্গে সামঞ্জস্য রেখে ট্র্যাডিশনের সেই

ঐতিহ্য ভেঙে মানুষই দেবতাদের সর্বজনের কাছে পৌঁছে দিল। সার্বজনীন পূজা এভাবেই সার্থকতা লাভ করল।

একুশ শতকের অনেকে থলে হাতে বাজারে গিয়ে দর দাম করা পছন্দ করে না ঝকঝকে তকতকে শপিং মলে কেনাকাটা করে। একুশ শতক মোবাইল আর ফেসবুকের শতক। বর্তমানে যৌথ পরিবার নেই। কিন্তু মোবাইল আর ফেসবুক সেই যৌথ পরিবারের দোষ গুণের দায়িত্ব কাঁধে তুলে নিয়েছে। এরা একই সঙ্গে তাদের বিরাট ফ্যামিলি আবার পাড়া পড়শিও বটে। এগুলির মাধ্যমে সে যুগের মিলেমিশে থাকার চেষ্টা, বিপদে আপদে ঝাঁপিয়ে পড়ার প্রবণতা, খোঁজ খবর দিয়ে সাহায্য করার ইচ্ছা, এসব শুভ কাজও যেমন বজায় আছে, তেমনই আছে গায়ে কাদা ছেটানো, মুখরোচক গল্প বানানো, গাল মন্দ করা, অর্থাৎ বাঙালির বাঙালিয়ানার সেই ট্র্যাডিশন এখনো সমানে চলেছে। আবার প্রতিদিন বাড়িতে খাওয়া দাওয়ার রেওয়াজও এখন অনেক বদলেছে। সপ্তাহে না হোক, অন্তত মাসে বা দুমাসে একবার বাড়ির সকলে মিলে কোন রেস্টুরেন্টে গিয়ে লাঞ্চ বা ডিনার সেরে আসা আধুনিকতার একটা অঙ্গ হয়ে উঠেছে। নববর্ষ, বিজয়ার শুভেচ্ছা বিনিময়ের প্রথা মোবাইল বা ফেসবুকের মাধ্যমে এখনও বজায় আছে।

জেট বিমানের যুগে বিশ্ব এখন ঘরের পাশে এসে দাঁড়িয়েছে। এই একুশ দশকে ইউরোপ বা আমেরিকায় চাকরি করতে যাওয়া একটা প্রেস্টিজের ব্যাপার। কিন্তু রাজা রামমোহন রায়ের যুগে সমুদ্র অর্থাৎ কালাপানি পার হয়ে বিলেত গেলে ধর্মচ্যুত, জাতিচ্যুত হতে হত। তিনি কিন্তু এই কুসংস্কারের অন্যায় শৃঙ্খল

ভেঙে বিলেত গিয়েছিলেন। তার ফলে বর্তমান প্রজন্মের পক্ষে ইউরোপ আমেরিকায় যাতায়াত শুধু উন্নত প্রযুক্তির কারণেই নয়, মানসিক দিক থেকেও অনেক বেশি সহজ সাধ্য হয়েছে। এখন আর ধর্মচ্যুত, জাতিচ্যুত হওয়ার কোন ভয় নেই। পড়াশুনা করতে, চাকরি করতে ইউরোপ আমেরিকায় এখন অনেক বাঙালি বসবাস করছে। উন্নত জীবনযাত্রায় অভ্যস্ত সেই সব প্রবাসী বাঙালির ছেলে মেয়েরা তাদের শিকড়কে ছুঁয়ে দেখতে বিদেশে নানা সাংস্কৃতিক অনুষ্ঠানে অংশগ্রহণ করে। সেখানকার মন্দিরে যায় বাবা মায়ের সঙ্গে। দেশের ঠাকুর দেবতাদের সঙ্গে পরিচিত হয়। বিভিন্ন বংলা স্কুলে বাংলা শেখে, বাংলা গান করে, নাটক করে। দেশের মনীষী জীবনী পড়ে। রবীন্দ্রনাথ সহ অন্যান্য মনীষীদের জন্মবার্ষিকী, প্রয়াণবার্ষিকী পালন করে। ১৫ই আগস্ট স্বাধীনতা দিবস, ২৬ শে জানুয়ারি প্রজাতন্ত্র দিবস ইত্যাদি পালিত হয়। দুর্গাপূজা, সরস্বতী পূজা, পৌষ পার্বণ, নববর্ষ ইত্যাদি নানা অনুষ্ঠানে ছেলে মেয়েরা শুধু অংশগ্রহণ করে না, বাঙালি পোশাক পরে, পূজায় অঞ্জলি দেয়, প্রসাদ খায়। কেক, পেস্ট্রি, পুডিং-এর পাশাপাশি সন্দেশ, রসগোল্লা, পায়েস ইত্যাদি খেতে তাদের খারাপ লাগে না। এভাবেই বাঙালিয়ানা যুগের পরিবর্তনের সঙ্গে, প্রয়োজনের সঙ্গে তাল মিলিয়ে যুগের চাহিদা অনুযায়ী এগিয়ে চলেছে, দিকে দিকে ছড়িয়ে পড়েছে। চরৈবেতি অর্থাৎ এগিয়ে চলাই জীবনের ধর্ম। ঝাড়াই, বাছাই, মিশ্রণের পথেই অগ্রগতি। থেমে যাওয়া বা কূপমণ্ডূকতা মানেই মৃত্যু। বাঙালিয়ানার সেই ট্র্যাডিশন আজও আছে। তবে বিবর্তনকে সঙ্গে নিয়ে, বিবর্তিত হতে হতে। তা না হলে ট্র্যাডিশনের বদ্ধ কুপে সংসার বিছিন্ন বাঙালিয়ানার মৃত্যু ঘটত। বিবর্তিত বাঙালিয়ানা তাই অজর, অমর।

# "দেখবো এবার জগতটাকে"

১৮৮০ সালের ২৭শে জুন আমেরিকার আলাবামার Tuscumbia শহরে যে মেয়েটির জন্ম হল, সে ছিল শারীরিক ভাবে সম্পূর্ণ সুস্থ স্বাভাবিক। বছর দেড়েক বয়সে কঠিন ব্যাধিতে আক্রান্ত হয়ে চিরদিনের মতো সে অন্ধ ও বধির হয়ে গেল। সে আমাদের চিরপরিচিত হেলেন কেলার।

হেলেন কেলারের জীবনী বহু আগে আমি পাঠ্যাবস্থায় পড়েছি। তাঁর অন্ধত্বের কারণেই তাঁর প্রতি আমার বিশেষ কৌতূহল ও এক ধরনের দুর্বলতা ছিল। কারণ আমার বাষট্টি/তেষট্টি বছরের বৃদ্ধা ঠাকুরমা ১৯৪৬ সালে চোখের স্নায়ু শুকিয়ে যাওয়ার ফলে সম্পূর্ণ অন্ধ হয়ে যান। বাকি আটাশ ঊনত্রিশ বছর শুধু স্পর্শের দ্বারাই নিজের সব কাজকর্ম করতেন। সেই সাতবছর বয়স থেকেই অন্ধত্বের সঙ্গে আমার একটা কষ্টবোধের পরিচয়ও ঘটে। এখন আমার বৃদ্ধবয়সে পৌঁছে হেলেন কেলার সম্পর্কে কিছু যে লিখতে বসেছি, তার কারণ আমার নাতি 'থ্রি ডেইজ টু সী' নামে তাঁর লেখাটা স্কুলের প্রোজেক্ট বানাবার জন্য বাড়িতে এনেছিল। নতুন করে অন্ধ ও বধির হেলেন কেলারকে জানবার আগ্রহ তাই প্রবল হয়ে উঠল।

ঈশ্বর যেমন সকলকে সমস্ত কিছুই উজাড় করে দেন না, সেই রকম কাউকে সম্পূর্ণ বঞ্চিতও করেন না। আমাদের পঞ্চ ইন্দ্রিয়ের কোন ইন্দ্রিয় অচল হয়ে গেলে তাকে সাহায্যের জন্য অন্য ইন্দ্রিয়গুলি সচেতন আর অনুভূতিশীল হয়ে পড়ে। করুণাময় ঈশ্বরের এটাই পক্ষপাতহীন ন্যায়বিচার। অন্ধ ও বধির হওয়ার জন্য

হেলেনের স্পর্শেন্দ্রিয় খুব সচল হয়ে উঠল। চোখে না দেখে, কানে না শুনে, তিনি অন্ধকারের মধ্যে আলোকের বার্তা পেতেন, নীরবতার মধ্যেও সুখ দুঃখের দোলাচল নিঃশব্দে তাঁর মনকেও দোলায়িত করত।

সকল ইন্দ্রিয় সচল বলে আমাদের অনুভূতিগুলিও তীব্রভাবে সজাগ থাকে না। হেলেন তাঁর অনুভূতি দিয়ে বুঝেছিলেন যে দৃষ্টিহীনদের এক ধরনের দৃষ্টি থাকে, চক্ষুষ্মানরা সে দিক থেকে চোখ থাকতেও অন্ধ। বনপথে একঘণ্টা বিচরণশীল বন্ধুদের কাছ থেকে শুনেছিলেন যে বনপথে দেখার মতো উল্লেখযোগ্য কিছুই ছিল না। অন্ধ হয়েও শুধুমাত্র স্পর্শ দ্বারাই তিনি প্রকৃতির শীত ঘুমের জাগরণ বুঝতে পারেন, গাছের ডালে বসা পাখির গানে, তার আনন্দের দোলার স্পর্শে বসন্তের আগমন বার্তা পান। যাদের চোখ আছে, তারা কেন এত কম দেখে সে সম্পর্কে তিনি তাঁর উপলব্ধি প্রকাশ করেছেন, 'Yet those who have eyes apparently see little'.

অজানা অচেনার প্রতি মানুষের কৌতূহল চিরন্তন। শিশু, যুবা, বৃদ্ধ প্রতিবন্ধী সকলেরই মধ্যে এই আকাঙ্ক্ষা ফল্গুধারার মতো বয়ে চলেছে। অন্ধ ও বধির হেলেন কেলারও তার ব্যতিক্রম নন। তাঁর মনেও দু চোখ ভরে জগত সংসারের বিচিত্র লীলা উপভোগ করার ইচ্ছা জাগে। তিনি মনে করেন, কোন জাদুকাঠির স্পর্শে, বেশীদিন নয়, মাত্র তিন দিনের জন্যও যদি তিনি দৃষ্টি শক্তি ফিরে পেতেন, তবে সেই তিনদিন পরিকল্পনা অনুযায়ী তার সদ্ব্যবহার করতেন। স্বল্প সময়ের দৃষ্টিকে দর্শনীয় কোন কিছু থেকেই বঞ্চিত

করতেন না। কবি বলেছেন, 'অল্প লইয়া থাকি/তাই মোর যাহা যায়, তাহা যায়'।

দৃষ্টি শক্তি পেলে অগ্রাধিকারের ভিত্তিতে দিনগুলিকে তিন ভাগে তিনি ভাগ করবেন। প্রথমদিন যাদের অকৃত্রিম স্নেহ ভালবাসায়, ঐকান্তিক কঠোর পরিশ্রম ও ধৈর্যের ফলে জীবনে চলার পথে এগিয়ে যেতে পেরেছেন, তাদের তিনি একবার দু চোখ ভরে দেখবেন। তাঁর সবচেয়ে কাছের, সবচেয়ে প্রিয় শিক্ষিকা মিসেস অ্যান সুলিভানের সঙ্গে পরিচয় খুব ছোট বয়েস থেকে। সে পরিচয় আঙুল দিয়ে স্পর্শ করার পরিচয়। এবার তিনি শিক্ষিকার মুখের দিকে বেশ কিছুক্ষণ তাকিয়ে থাকবেন। বাইরের মুখশ্রী কেমন শুধু তাই নয়, তাঁর সহানুভূতিশীল, অসাধারণ ধৈর্যশীল মানসিকতার প্রতিচ্ছবি মুখের প্রতি রেখায় কিভাবে প্রতিফলিত হয়ে চলেছে, সেই সৌন্দর্য দুচোখ ভরে উপভোগ করবেন। তাঁর প্রিয় বন্ধুদেরও দেখবেন। তাঁরই কথায় 'উইন্ডো অফ দি সোল' দিয়ে অর্থাৎ চক্ষুষ্মানদের মতো শুধু বাহ্যিক চোখ দিয়ে নয়, অন্তর্দৃষ্টি দিয়েও দেখবেন। তাদের আনন্দ বেদনা, আবেগ, ব্যক্তিসত্তা, চিন্তাভাবনার চাক্ষুষ প্রতিফলন তাঁর অনুভূতিকে আরও সমৃদ্ধ করে তুলবে।

দৃষ্টিশক্তি থাকার কত সুবিধা। নীরব দৃষ্টিতে শারীরিক ভাষায় একে অন্যের ইচ্ছা অনিচ্ছা, সুখ দুঃখের ভাগী হতে পারে। কিন্তু সত্যিই কি সবসময় সেটা ঘটে। তিনি তাঁর বন্ধুদের কাছ থেকে জেনেছেন যে স্বামীরা তাদের ইচ্ছা অনিচ্ছা, শখ আহ্লাদ সম্পর্কে খুব একটা ওয়াকিবহাল নয়। এমনকি বাড়ির সাজসজ্জার একটু অদলবদল করলে তাদের নজরে পড়ে না, যার জন্য তারা সাগ্রহে অপেক্ষা করে। তিনি যাচাই করে এটাও দেখেছেন যে অনেক স্বামী

স্ত্রীদের চোখের তারার রং কেমন তাও তারা জানে না। অর্থাৎ দৃষ্টিমানদের দৃষ্টি থাকা সত্ত্বেও সব কিছু নজরে আসে না। এর কারণ হিসাবে তিনি মনে করেন দৈনন্দিন পারিপার্শ্বিক দৃশ্যাবলী দেখতে দেখতে চোখ অভ্যস্ত হয়ে পড়ে। নতুন কিছু খুঁজে বেড়ায়। খুঁজতে খুঁজতে ক্লান্তি আসে। চমকপ্রদ কিছু নজরে পড়লেও ক্লান্ত চোখের আলস্যের জন্য সেগুলো অগোচরে থেকে যায়। পুরো দেখার মতো পরিশ্রমী, সচল, সজাগ দৃষ্টি খুব কম মানুষেরই থাকে।

দীর্ঘদিনের প্রিয় বন্ধুদের শুধু বাহ্যিক সৌন্দর্য নয়, ঘাত প্রতিঘাতের মধ্য দিয়ে বড় হয়ে ওঠা জীবনে শৈশবের সারল্য তখনও বজায় আছে কিনা সেটাও তিনি চোখ দিয়ে পরখ করে দেখবেন। হোম, সুইট হোম। শান্তির নীড় গৃহকোণের সাজসজ্জা, দেয়ালে টাঙানো ছবিগুলি, বিছানার নরম কম্বলটা, যেটা তাঁর শরীরে উষ্ণতা দিত, সবকিছু দেখার পরে সেগুলি মনের মধ্যে ভাল করে গেঁথে রাখবে।

হরফ বা বর্ণমালার লেখ্য সংকেত যাকে আমরা অক্ষর বলি, অন্ধ হেলেন কিন্তু সেই অক্ষরের সঙ্গে পরিচিত ছিলেন না। তিনি ব্রেইল পদ্ধতিতে গোলাকার উঁচু টাইপ স্পর্শ করে পড়াশুনা করেছেন। এই সমস্ত বই তাঁর জীবনকে আলকিত করেছে, বিশ্ব প্রকৃতির সৌন্দর্য আস্বাদনে সাহায্য করেছে। সেই বইগুলোকেই ছাপার অক্ষরে দেখতে বড়ই আগ্রহী হয়ে উঠলেন।

বিকেলবেলা প্রকৃতির সৌন্দর্য দেখতে দেখতে সূর্যাস্তের শেষ বর্ণচ্ছটা প্রাণভরে উপভোগ করবেন। রাতেরবেলায়

মানুষের তৈরি আলোয় যখন রাতের অন্ধকার আলোকময় হয়ে উঠবে, তখন সৃষ্টিশীল মানুষের ধীশক্তি তাঁর মনকে আত্মবিশ্বাসের আলোয় আরও আলোকিত করে তুলবে। প্রথম দিনের সচেতন দৃষ্টিতে দেখা দর্শনীয় সব কিছুই সারারাত ধরে তিনি রোমন্থন করবেন। এভাবে প্রথম দিনের সমাপ্তি ঘটবে।

দ্বিতীয় দিনে খুব ভোরবেলা উঠে পূর্ব দিগন্তের আকাশ কিভাবে অন্ধকার ভেদ করে ধীরে ধীরে রক্তিম হয়ে উঠছে, নরম লাল বলের মতো গোল সূর্যদেবের আবির্ভাবে কেমন করে ঘুমন্ত পৃথিবীর জাগরণ ঘটছে দেখতে দেখতে সচেতন দৃষ্টিতে প্রথম প্রত্যক্ষ আলোর উষ্ণ স্পর্শ অনুভব করবেন।

জগত সংসারের বিবর্তনের মধ্য দিয়ে ভবিষ্যতের দিকে এগিয়ে চলেছে। মেট্রোপলিটন মিউজিউয়ামে অধুনালুপ্ত জিনিসগুলির নিদর্শন সংরক্ষিত আছে। সেখানে গিয়ে তিনি অধুনালুপ্ত বিরাটাকৃতি ডাইনোসর বা অন্যান্য লুপ্ত প্রাণী, গুহাবাসী আদিম মানুষ বা তাদের জীবনযাত্রা প্রণালী চাক্ষুষ দর্শন করে বাস্তব জীবনের বিবর্তনকে উপলব্ধি করবেন। আবার আর্ট মিউজিয়ামে গিয়ে মানুষের আত্মিক, শৈল্পিক বৈশিষ্ট্যতা দেখানো হয়েছে। অন্ন বস্ত্র, আশ্রয়, নিরাপত্তার মতো এগুলিও মানুষের বাঁচার একান্ত জরুরী ও প্রয়োজনীয় রসদ। মিশর বা গ্রীসের শিল্পকলা, প্রাচীন দেবদেবীদের ভাস্কর্য, বিভিন্ন শিল্পের রং, রেখা ও গঠনের সৌন্দর্য তিনি প্রাণভরে দুচোখ মেলে আস্বাদন করবেন।

দীপ্তি চক্রবর্তী

দ্বিতীয় দিনের সন্ধেবেলায় কোন মুভি বা থিয়েটারে গিয়ে শিল্পীদের অভিনয় দেখতে দেখতে তাদের বাচনভঙ্গী, দোলন, আলোড়নের সৌন্দর্য প্রত্যক্ষ করবেন, গতির ছন্দ চাক্ষুষ দেখে নিজেও দোলায়িত হবেন। এইসব অভাবনীয় স্মৃতিগুলি সেদিনও তাঁর রাতের ঘুম কেড়ে নেবে।

হেলেন তার আকাঙ্ক্ষিত কল্পিত দৃষ্টিশক্তির শেষদিনে অর্থাৎ তৃতীয়দিনেও সূর্যদেবকে অভিন্দন জানাবেন। শহরের কর্মময় ব্যস্ত জীবনের দিনগুলি সেখানকার মানুষ কিভাবে অতিবাহিত করে সেটা দেখতে তিনি খুবই আগ্রহী। তিনি নিজে থাকেন শহর থেকে দূরে লঙ আইল্যান্ডের ফরেস্ট হিলসের শান্ত নিরিবিলি শহরতলিতে। সেখানে ছোট ছোট পরিবারগুলি সুখে শান্তিতে বাস করে। কর্ম ক্লান্ত মানুষের শান্তির আশ্রয় এই প্রাকৃতিক পরিবেশ।

নিউ ইয়র্ক শহরের জীবনযাত্রা দেখতে সর্বত্র তিনি ঘুরে বেড়াবেন। সেখানকার আজব টাওয়ার, পার্ক এভিনিউ, দি স্টেট এম্পায়ার বিল্ডিং, ফ্যাক্টরি দেখবেন। শহরের বস্তিগুলিও তিনি ঘুরে দেখবেন, সেখানে গরিব মানুষেরা থাকে। এমনকি জনবহুল রাস্তার এককোণে দাঁড়িয়ে দেখা চলমান মানুষের আনন্দ বেদনা, সুখ দুঃখের একটা মিশ্র অনুভূতি তাঁর মনকে আপ্লুত করবে। তিনি অনুভব করবেন ভালমন্দ, সুখদুঃখ জীবনের অবিচ্ছেদ্য অংশ। আকাঙ্ক্ষিত স্বল্প সময়ের কাল্পনিক দৃষ্টিশক্তি দিয়েই গভীরভাবেই তিনি অনুভব করলেন যে চক্ষুরত্ন অমূল্য রত্ন। তাই চোখ দেখার যে আনন্দ, যে তৃপ্তি তার তুলনা কোন কিছুর সঙ্গেই হয় না। অন্ধ ও বধির হয়েও হেলেন কেলার অন্তর্দৃষ্টি দিয়ে দেখতেন আর হৃদয়

দিয়ে উপলব্ধি করতেন। আর আমরা সব পেয়েও অন্ধ ও বধির। তাই তিনি সকল মানুষেরই প্রেরণার উৎস। কাজী নজরুল ইসলামের সংকল্প কবিতায় পড়েছিলাম 'থাকব নাকো বদ্ধ ঘরে, দেখব এবার জগতটাকে'— ঐকান্তিক নিষ্ঠা আর চেষ্টায় জীবনের দুরূহ বাধা যিনি অতিক্রম করেছিলেন সেই জগতটাকে তাঁর মত করে দেখার জন্য, সেই মহীয়সী নারীকে জানাই আমার সশ্রদ্ধ প্রণাম।

'থ্রি ডেইজ টু সী'

[হেলেন কেলারের লেখা অবলম্বনে]

# বাঙালির জীবনে রাজা রামমোহন রায়ের অবদান

অষ্টাদশ শতক ছিল কুসংস্কার আর অন্ধকার যুগের শতক। সমাজের রন্ধ্রে রন্ধ্রে তখন নানা অন্ধ বিশ্বাস দৃঢ়ভাবে গেঁথে গিয়েছিল। স্বচ্ছ চিন্তা ভাবনা প্রকৃত শিক্ষা ও জ্ঞানের অভাবে সাধারণ মানুষ কূপ মণ্ডূকে পরিণত হয়েছিল। তা না হলে মৃত স্বামীর জ্বলন্ত চিতায় জীবিত স্ত্রীকে পুড়িয়ে মারতে সহমরণ প্রথার মতো জঘন্য অমানবিক প্রথার চিন্তাও কারোর মাথায় আসত না। এর চেয়েও মর্মান্তিক সেই নিষ্ঠুরতাকে সতীদাহ নাম দিয়ে দেবত্বে উন্নীত করা হল। অসহায় নারীকে আফিম খাওয়ানো হত তাকে আচ্ছন্ন করে রাখা হত, তার আর্তনাদ, করুণ চিৎকার মন্ত্র উচ্চারণ, কাঁসর ঘণ্টা, ঢাক ঢোলের আওয়াজে চাপা দিয়ে দেওয়া হত। সামাজিক মর্যাদা অ-পারিবারিক ঐতিহ্যের লোভনীয় মোড়কে ধর্মের নামে শান্তিজল ছিটিয়ে সতীদাহ প্রথাকে স্থায়িত্ব দান করা হল। সেই প্রথা অমান্য করার চিন্তার মধ্যেও তারা পাপ ও অমঙ্গলের অদৃশ্য ছায়া দেখতে পেত। এর সঙ্গে স্বার্থান্বেষী সমাজপতিদের কায়েমি স্বার্থ জড়িত ছিল বলেই রবীন্দ্রনাথের ভাষায় বলতে হয়, ‘প্রতিকার হীন শক্তের অপ্রাধে/বিচারের বাণী নীরবে নিভৃতে কাঁদে’। তাই তাদের বুক ফাটলেও মুখ ফোটে না। সেই চরম দুর্দিনে রামমোহনের মতো নির্ভীক, সত্যানুরাগী, ধর্মপ্রাণ মহাপুরুষের বড়ই প্রয়োজন ছিল। আমাদের সৌভাগ্যক্রমে তাই ১৭৭২ সালের ২২ শে মে হুগলী জেলার রাধানগর গ্রামে তাঁর জন্ম হয়।

রামমোহন কুড়ি বাইশ বছর বয়সের মধ্যে তাঁর অসাধারণ প্রতিভা, মেধা, স্মরণ শক্তির প্রভাবে বহু ভাষায় জ্ঞান অর্জন

করেছিলেন, বহু ধ্রমগ্রন্থ, শাস্ত্রগ্রন্থ পাঠ করেছিলেন, বহু দেশ ভ্রমণ করেছিলেন। এই সময় থেকে তাঁর মধ্যে অন্যায়ের বিরুদ্ধে প্রতিবাদী চরিত্রের প্রকাশ ঘটতে থাকে। রবীন্দ্রনাথ তাঁর চারিত্রপূজা প্রবন্ধে লিখেছেন, "অজ্ঞানের মধ্যে মানুষ যেমন নিরুপায়, যেমন অসহায় তেমন আর কোথায়?" তাঁর মতে রামমোহন রায়ের সময়ে বঙ্গসমাজ সেই রকম অজ্ঞানের প্রেতভূমি ছিল। অমঙ্গলের সেই প্রেতভুমিতে দাঁড়িয়ে কুসংস্কারাচ্ছন্ন মানুষের পক্ষে প্রতিবাদ করার সাহস ছিল না। নির্ভীক দৃঢ় প্রতিজ্ঞ রামমোহন শুধু সতীদাহ নয়, বাল্যবিবাহ, বহুবিবাহ, জাতিভেদের মতো অন্যায় ও অবিচারে ভরা নিয়ম প্রথা ভাঙতে উদ্যত হলেন তখন সমস্ত সমাজ তাঁর বিরুদ্ধে রুখে দাঁড়িয়েছিল। প্রবল প্রতিবন্ধকতা তাঁকে একাকী ও নিঃস্ব করে দিল। তবুও তিনি দেশবাসীর মঙ্গলের জন্য অভিমান শূন্য চিত্তে দৃঢ় পদক্ষেপে এগিয়ে গেলেন। রবীন্দ্রনাথ বলেছেন, 'এই অভিমান শূন্য বন্ধনের প্রভাবে তিনি স্বদেশের জন্য সম্পূর্ণ আত্ম বিসর্জন দিতে পারিয়াছিলেন'।

দেশের সর্ব ক্ষেত্রেই রামমোহন রায় তাঁহার সুদূর প্রসারী চিন্তার ছাপ রেখে গেছেন। রবীন্দ্রনাথ বলেছেন, "কী রাজনীতি, কী বিদ্যাশিক্ষা, কী সমাজ, কী ভাষা, আধুনিক বঙ্গ দেশে এমন কিছুই নাই রামমোহন রায় স্বহস্তে যাহার সূত্রপাত করিয়া যান নাই'। তিনি আরও বলেছেন যে রামমোহন সাধারণের অনধিগম্য বিস্মৃতপ্রায় বেদ, পুরাণ হইতে সারোদ্ধার করিয়া প্রাচীন শাস্ত্রের গৌরব উজ্জ্বল করিয়াছিলেন। সমাজের নানা কুসংস্কার, অন্যায় অবিচারের বিরুদ্ধে আন্দোলন গড়ে তুলতে ১৮২৮ সালে তিনি ব্রাহ্মসভা প্রতিষ্ঠা করেন যা পরবর্তী কালে ব্রাহ্মসমাজে রূপান্তরিত হয়।

অষ্টাদশ শতকে বাংলা ভাষায় গদ্যে কোন গ্রন্থ লেখা হত না। বঙ্কিমচন্দ্র বাংলা সাহিত্যের ভুমিকায় লিখেছেন, “মুদ্রা যন্ত্র সংস্থাপিত হইলে গদ্য বাংলা গ্রন্থ প্রথম প্রচারিত হইতে আরম্ভ করিল। প্রবাদ আছে যে রাজা রামমোহন রায় সেই সময়ের প্রথম গদ্য লেখক। রবীন্দ্রনাথও বাংলা সম্পর্কে বলেছেন, “পূর্বে বাংলা ভাষাকে কেহ শ্রদ্ধা সহকারে দেখিত না। সংস্কৃত পণ্ডিতেরা তাহাকে গ্রাম্য এবং ইংরাজী পণ্ডিতেরা তাহাকে বর্বর জ্ঞান করিতেন”। সেই অবহেলিত ভাষাকে দৃঢ় ভিত্তি ভুমির উপর প্রতিষ্ঠিত করতে রামমোহন বাংলা গদ্য গ্রন্থ রচনায় হাত দিয়েছিলেন। রবীন্দ্রনাথ বলেছেন, “রামমোহন বঙ্গ সাহিত্যকে গ্রানিট স্তরের উপর স্থাপন করিয়া নিমজ্জমান দশা হইতে উন্নত করিয়া তুলিয়াছিলেন”। ‘সম্বাদ কৌমুদি’ ‘প্রবর্তক নিবর্তক সম্বাদ’ ইত্যাদি তাঁরই অন্যান্য রচনাগুলির মধ্যে অন্যতম। ১৮২১ সালে বাংলা গদ্যে লেখা ‘সম্বাদ কৌমুদী’ নামে তাঁর সব চেয়ে জনপ্রিয় সংবাদ পত্রে প্রেসের স্বাধীনতা, সরকারি উচ্চপদে ভারতীয়দের নিয়োগ, আইন ব্যবস্থা ও বিচার ব্যবস্থার পৃথকীকরণ ইত্যাদি সম্পর্কে তাঁর লেখা প্রকাশিত হত।

১৭৫৭ সালে ভারতে ইংরেজ শাসনের সূত্রপাত। খৃষ্টান মিশনারি এদেশে খৃষ্টধর্মের সুসমাচার প্রচার করতে লাগল। তাদের ধর্মে মূর্তিহীন এক ঈশ্বরের সহজ সরল পূজার প্রচলন ছিল। তাই হিন্দু ধর্মের বহু দেব দেবীর আড়ম্বর পূর্ণ জটিল মূর্তি পূজা ছেড়ে পাশ্চাত্য সভ্যতায় শিক্ষিত নব্য তরুণের দল খৃষ্ট ধর্মে দীক্ষিত হতে লাগল। সেই সঙ্কটের মুহূর্তে হিন্দু ধর্মের অস্তিত্ব পর্যন্ত বিপন্ন হয়ে পড়েছিল। অথচ হিন্দু ধর্মেও যে নিরাকার ব্রহ্মের অর্থাৎ এক ঈশ্বরের সহজ সাধন পদ্ধতি ছিল, কয়েক শতকের অন্ধকারাচ্ছন্ন

মানুষের মন থেকে সেসব একেবারেই লুপ্ত হয়ে গিয়েছিল। বহু শাস্ত্রবিদ ধর্মজ্ঞ রামমোহন তাঁর অসাধারণ প্রতিভাবলে ঐকান্তিক চেষ্টায় প্রাচীন ঋষিদের তপস্যালব্ধ সাধনার ধন উপনিষদের পরম ব্রহ্মকে বিলুপ্তির অন্ধকার থেকে উদ্ধার করে দেশের মানুষকে উপহার দিলেন। ধর্মান্তরিত তরুণের দল উপনিষদের সেই ব্রহ্মার মধ্যেই তাদের কাঙ্খিত উপাসনার খোঁজ পেল। এইভাবেই রামমোহন হিন্দুধর্মকে অবলুপ্তির হাত থেকে রক্ষা করলেন। এই প্রসঙ্গে রবীন্দ্রনাথ লিখেছেন, "রামমোহন রায় অটল মহত্বে মাঝখানে আসিয়া দাঁড়াইলেন। তিনি যে বাঁধ নির্মাণ করিয়া দিলেন, খৃস্টীয় ১৮২৮ সালে রামমোহন প্রতিষ্ঠিত ব্রাহ্মসভা বা ব্রাহ্ম সমাজ বাংলার সামাজিক, রাজনৈতিক, ধর্মীয় আন্দোলনের সূত্রপাত করে। ভারতীয় শিক্ষা ব্যবস্থার প্রাচীন পদ্ধতির পরিবর্তে ইংরাজি শিক্ষার মাধ্যমে আধুনিক শিক্ষা ব্যবস্থাকে জনপ্রিয় করে তুলতে তিনি বেশ কিছু প্রথা স্কুল প্রতিষ্ঠা করেছিলেন। ১৮১৬ সালে ইংরেজি ভাষায় তিনি প্রথম হিন্দুইজম শব্দের প্রবর্তন করেছিলেন। সমাজে বৈচিত্র্য আনতে তিনি যে আন্তরিক চেষ্টা চালিয়েছিলেন সেজন্য তাঁকে বাংলার নব জাগরণের জনক বলা হয়।

দিল্লীর সম্রাট রামমোহনকে রাজা উপাধি দিয়ে সরকারি কাজে দরবার করতে ইংল্যান্ডে পাঠিয়েছিলেন। সেখানে বৃস্টলে ১৮৩৩ সালে ২৭ শে সেপ্টেম্বরে মেনিনজাইটিস রোগে তাঁর মৃত্যু হয়। উনবিংশ শতাব্দীর প্রথম দিকে সমুদ্র বা কালাপানি পেরিয়ে বিলেত গেলে ধর্মচ্যুত বা জাতিচ্যুত হতে হত। সংস্কার মুক্ত নির্ভীক রাজা রামমোহন দিল্লীর সম্রাটের জন্য দরবার করতে রবং সতীদাহ প্রথা বিলোপ যাতে আইনসিদ্ধ ভাবে স্থায়িত্ব লাভ করতে পারে

সেইজন্য ইংল্যান্ডে গিয়েছিলেন। তার ফলে সতীদাহের মতো অমানবিক নিষ্ঠুর প্রথা চিরকালের মতো লোপ পেল। আর বিলেত যাত্রার প্রতিবন্ধকতা দূর হল। রবীন্দ্রনাথ বলেছেন, 'দিল্লীর সম্রাট তাঁহাকে রাজোপাধি দিয়াছেন, কিন্তু দিল্লীর সম্রাটের সম্রাট তাঁহাকে রাজা করিয়া পাঠাইয়াছেন। ভারতবর্ষের বঙ্গসমাজের মধ্যে তিনি তাঁহার রাজসিংহাসন প্রতিষ্ঠা করিয়া গিয়াছেন'। প্রাতঃস্মরণীয় সেই মহান রাজার মহান অবদান বাঙালির হৃদয়ে চিরকাল সোনার অক্ষরে জাজ্জ্বল্যমান থাকবে।

# আমার ছোটবেলা

আমার জন্ম হয়েছিলো আজ থেকে আশি বছর আগে ১৯৩৯ সালের ১৩ই জুন মঙ্গলবার। তখনকার দিনে বাড়ির প্রথম সন্তান হিসাবে পুত্র সন্তান কাম্য ছিল। যদিও আমাদের বাড়িতে এই ধরনের মানসিকতা ছিল না। আমার ঠাকুরমার প্রথম পরপর চারটি কন্যা সন্তান হয়েছিল, সেজন্য আমার ঠাকুরমাকে কোন গঞ্জনা সহ্য করতে হয় নি বা আমার ঠাকুরদা পুত্র সন্তানের জন্য অন্য বিবাহ করেন নি। যদিও বাবার পিসেমশাই তাঁর তিনটে কন্যাসন্তান জন্মের পর দ্বিতীয়বার বিয়ে করে পুত্র সন্তান লাভ করেন। আমার জন্মের পর মা বাবা তো বটেই, আমি ঠাকুমারও খুব আদরের ছিলাম। খুব সম্ভব অন্নপ্রাশনের পরে মাস ছয়েকের আমাকে কোলে নিয়ে ছাদে একটা চেয়ারে বসা মামমার একটা ছবি আমি বড় হয়ে দেখেছি। ছোট থেকে ঠাকুরমাকে মামমা বলে ডাকতাম। সেইমতো আমার আরও তিন ভাই বোন মামমা বলে ডাকত। আমার দুবছরের ছোট ভাই জন্মাবার পর থেকে ছোটবেলাটা মামমার কাছে রাতে ঘুমিয়েছি। তার পায়ে পায়ে ঘুরতাম। সব জায়াগায় আমাকে সঙ্গে নিয়ে যেত। ছোটবেলায় মামমার চুল বাঁধা ছাড়া আর কারো কাছে চুল বাঁধা আমার পছন্দ হতো না। একবার মামমা তীর্থ করতে গেছে, কিছুতেই কারো কাছে চুল বাঁধা পছন্দ হয় না। মা রেগে গিয়ে আমার হাত পা চেপে ধরে কাকাকে ডেকে মাথার সমস্ত চুল কেটে ন্যাড়া করে দিল। সে কি কান্না। মামমা তীর্থ থেকে ফিরলে কান্না আর থামে না। অনেক কষ্টে অনেক আদরে মামমা আমায় শান্ত করেছিল। মামমা ছাড়া কেউ আমাকে শান্ত করতে পারত না।

মামমা সম্পর্কে কোন কথা যেন শেষ হতে চায় না। ১৯৪৭ পর্যন্ত মামমার সঙ্গে অনেক জায়গায় ঘুরেছি। তার মধ্যে চন্দননগর বা মামমার ভাষায় ফরাসডাঙায় অর্থাৎ ফরাসি অধিকৃত শহরে তার ননদের বাড়ি যাওয়া ছিল খুব আকর্ষণের, বিশেষ করে জগদ্ধাত্রী পূজার সময়। ভাটপাড়ার একটু উত্তরে জগদ্দলের ফেরিঘাট থেকে গঙ্গা পেরিয়ে চন্দননগরের ফেরিঘাটে পৌঁছলে ফটকগোরা। সেই রাস্তার ওপরে পিসিমার বড় মেয়ের শ্বশুরবাড়ি। স্বামী পরিত্যক্তা চন্দননগরের পিসিমা (আমি এই নামেই তাঁকে ডাকতাম) তাঁর বড় মেয়ের বাড়িতে থাকতেন। তার অনেক গুণ ছিল। সেই পিসিমা ছোটবেলায় কলকাতায় তাঁর চেয়ে অনেক বড় দাদার কাছে অর্থাৎ আমার ঠাকুরদার কাছে মানুষ হন। শুনেছি তিনি তখন কলকাতায় ঠাকুর বাড়ির কোন ছেলেকে আর কোন স্কুলে সংস্কৃত পড়াতেন। হয়ত সে কারণেই তিনি আদি মহাকালী পাঠশালায় তাঁর একমাত্র ছোট বোনকে প্রাথমিক বিভাগে কিছুদিন লেখা পড়া শিখিয়েছিলেন। গোঁড়া পণ্ডিতের দেশ ভাটপাড়ায় সেটা সম্ভব ছিল না। আমার নিজের পিসিমারা কেউ লেখাপড়া শেখে নি। তাই বৃদ্ধ বয়সে সেই পিসিমা বই পড়ে আর কবিতা লিখে সময় কাটাতেন। আমি গেলে আমাকে সেসব কবিতা পড়ে শোনাতেন। সেই পিসিমা আমাকে নিয়ে নানা জায়গা ঘুরে ঘুরে দেখাতেন, যেমন ঋষি অরবিন্দ বৃটিশের হাত থেকে পালিয়ে চন্দননগরের কোন ঘাটে রাতের বেলায় নেমেছিলেন সেই ঘাট ও তাঁর বাড়ি দেখিয়েছিলেন। আবার ডুপ্লের স্ট্যাচু ও তার বাসস্থান দেখিয়েছিলেন। এছাড়া চন্দননগর শহরটাকে আমার খুব ভাল লাগত। গঙ্গার ধারে রেলিং দেওয়া বাঁধানো রাস্তা চলে গেছে যার মাঝে মাঝে বাঁধানো ঘাট জল পর্যন্ত নেমে গেছে।

রেলিং ধরে দাঁড়ালে গঙ্গার দৃশ্য দেখতে খুব ভাল লাগত। শহরটাও খুব পরিষ্কার পরিচ্ছন্ন। বাবার পিসিমার নাতনিরা আমাকে নিয়ে জগদ্ধাত্রী পূজার সময় সেখানকার বাগ বাজার, গোন্দলপাড়া এই রকম নানা জায়গায় ঠাকুর দেখাতে নিয়ে যেত। কত বড় সেসব ঠাকুর আর কত ডাকের সাজে অর্থাৎ শোলার গয়নায় সজ্জিত ঠাকুর দেখেছি। সেসব ঠাকুর আকারে এত বড় হত যে ঠাকুরের মুখ দেখতে গেলেও ঘাড় ব্যথা করত। দিদিরা বলেছিল দুর্গাপূজার মতো ষষ্ঠী থেকে দশমী তিথি পর্যন্ত ঠাকুর পূজা হয়। ওরা নতুন জামা কাপড় পরে ঠাকুর দেখতে যায় ও বিশেষ করে মহাষ্টমীতে অঞ্জলি দেয়। তখন অন্যান্য জায়গায় শুধু নবমীতে জগদ্ধাত্রী পূজা হত। আর দশমীতে বিসর্জনের দিন সেই বিরাট ঠাকুরকে পালোয়ানের মতো লোকেরা দুপাশে লম্বা বাঁশের সঙ্গে ঠাকুরকে বেঁধে আট দশ জন মিলে কাঁধে করে বহন করে নিয়ে যেত। এখনকার মতো লরি করে নিয়ে যেত না। সেজন্য আগে থাকতে বড় বড় গাছের ডাল পালা ছেঁটে ফেলা হত। প্রয়োজনে রাস্তার ইলেকট্রিকের তার খুলে ফেলা হত। বিসর্জনের দিন পিসিমার বাড়ির ছাদে বসে বড় বড় হ্যাজাকের আলোয় ঠাকুরের মুখ দেখতে পেতাম।

আমার মামমা ১৯৪৬ সালের আগে থেকে চোখে কম দেখতে শুরু করে। চিকিৎসা চলছিল। হঠাৎ কলকাতায় দাঙ্গা বাঁধলে চন্দননগরে এক ভাল ডাক্তারের খোঁজ পেয়ে চিকিৎসা করানো শুরু হয়। কিছুদিন চিকিৎসা চলার পর ডাক্তার বাবাকে ডেকে জানালেন যে মামমার চোখের নার্ভ শুখিয়ে যাচ্ছে যার কোন চিকিৎসা তখনও পর্যন্ত জানা নেই। আস্তে আস্তে তিনি পুরো অন্ধ হয়ে যাবেন। ১৯৪৭ সালের মধ্যেই মামমা পুরো অন্ধ হয়ে গেল। ছোট থেকেই তাকে

এইভাবে দেখেছি। ভগবানকে পরম করুণাময় বলা হয়। কথাটা বড়ই সত্য। তিনি কাউকে সম্পূর্ণ বঞ্চিত করেন না। শরীরের একটা অঙ্গ নষ্ট হয়ে গেলে অন্য অঙ্গগুলি সক্রিয় হয়ে ওঠে। আমার মামমার ক্ষেত্রেও তাই হয়েছিল। নিজের সব কাজ নিজেই করত। আগেকার দিনে বাড়িতে উঁচু নিচু থাকত। ঘরে উঠতে গেলে বা বারান্দায় নামতে গেলে ওঠা নামা করতে হত। মামমা পা ঘষে ঘষে ঠিক বুঝে নিত কখন নামতে হবে বা উঠতে হবে, সেই মতো চলাচল করত। রাস্তায় অবশ্য মামমা আমার বাঁ হাতের ওপর দিকটা ধরে যাওয়া পছন্দ করত। এটা সকল অন্ধ লোকই পছন্দ করে। মামমার কাছে শুনেছি এতে তাদের সুবিধে হয়। কারণ আমার ওপর হাতটা ধরে থাকলে আমার বিন্দুমাত্র নড়াচড়া থেকেই সে বুঝতে পারত সামনে কোন খানাখন্দ বা কিছু পড়ে আছে কিনা যেটা পাশ কাটিয়ে যেতে হবে। ১৯৭৪ সালে নব্বই বছর বয়সে মামমার মৃত্যু হয়। তার মৃত্যুর দু এক বছর আগে ছেলেমেয়ে নিয়ে ভাটপাড়ায় গিয়েছিলাম, ওরা তখন বেশ বড় হয়েছে। মামমা ওদের কোলের কাছে নিয়ে ওদের স্পর্শ করে, গায়ে মাথায় হাত বুলিয়ে আশীর্বাদ করেছে। সে যে আমার কত বড় সৌভাগ্য বলতে পারি না। সেই আমাদের শেষ দেখা। সেসব দিনের কথা ওদের বেশ মনে আছে।

আমার জন্মের মাস দেড়েক পরেই দ্বিতীয় বিশ্বযুদ্ধ শুরু হয়। তাই আমার ছোটবেলা যুদ্ধের আবহাওয়ার মধ্যেই কাটে। একটু বড় হতেই দেখি সন্ধ্যে হলে চারিদিক অন্ধকার। রাস্তায় বেশি লোকজন চলাচল করছে না। আসলে খুব বেশি দরকার না পড়লে সন্ধ্যার পরে কেউ বাড়ির বাইরে যেত না। তখন ইলেকট্রিক আলোর ব্যবহার ছিল না। বাড়িতে কেরোসিনের হারিকেন বা কুপি আর

রাস্তায় গ্যাসের বাতি জ্বলত। দেশে যুদ্ধ চলছে বলে বাতিগুলোর মাথা কালো কাপড়ে ঢাকা থাকত যাতে আকাশ থেকে জাপানি বোমারু বিমান বুঝতে না পারে এটা কোন শহর। তাহলে বোমা পড়ার ভয় কম থাকবে। সন্ধ্যে হলেই বাড়ির দরজা জানালা এমন ভাবে বন্ধ রাখতে হত যাতে কোথাও কোন ফাঁক ফোকর না থাকে, বিন্দুমাত্র ফাঁকও কালো কাপড়ে ঢেকে দিতে হত যাতে বাইরে কোন আলো না বার হয়। সেটাও আলো দেখতে পেলে পাছে জাপানি বোমা পড়ে সেই ভয়ে। এই প্রসঙ্গে একটা ছড়ার কথা মনে পড়ল। ছোটবেলা দিনের বেলায়, যখন বোমা পড়ার ভয় থাকত না, তখন আকাশে প্লেন দেখলেই আমরা ছড়াটা বলতাম। সেটি হল, 'সা রে গা মা পা ধা নি/বোম ফেলেছে জাপানি,/বোমার মধ্যে কেউটে সাপ, বৃটিশ বলে বাপ রে বাপ'। এই ছড়াটা কার লেখা বা কার বীরত্ব সম্পর্কে লেখা সেসব কিছুই বুঝতাম না। পরে শুনেছিলাম এটি নেতাজি সম্পর্কে লেখা। তিনি দেশকে স্বাধীন করার উদ্দেশ্যে ছদ্মবেশে প্রথমে জার্মানি ও পরে জাপানে গিয়ে সেখানকার ভারতীয় যুদ্ধবন্দী সৈন্যদের নিয়ে আজাদ হিন্দ বাহিনী তৈরি করেন ও ভারতে ইংরেজ শাসকদের আক্রমণ করেন। তাঁরই বীরত্ব নিয়ে এই ছড়াটি লেখা হয়েছিল। সেই সময়ে ব্ল্যাক আউটের জন্য অন্ধকার হওয়ার আগেই দুবেলার রান্না একসঙ্গে করা হত এবং সন্ধ্যে নামার কিছুক্ষণের মধ্যেই আমাদের সকলের রাতের ডিনার শেষ হয়ে যেত।

এই নিশ্ছিদ্র অন্ধকারের মধ্যেও যখন রাতে আকাশে প্লেন দেখা যেত, তখনই সতর্কতামূলক ব্যবস্থা হিসেবে সাইরেন বেজে উঠত। প্রয়োজনে কেউ যদি বাইরে থাকত তাড়াতাড়ি ঘরে ফিরত।

দীপ্তি চক্রবর্তী

সাইরেনের কাঁপা কাঁপা আওয়াজে আমার খুব ভয় করত। অন্ধকারে ঘরের মধ্যে মামমার কোলে মুখ লুকিয়ে কানে আঙুল চাপা দিয়ে বসে থাকতাম। একদিন সাইরেন বাজা থামার পরে শুনলাম যে শ্যামনগরে বোমা পড়েছে, অনেক লোক মারা পড়েছে। পরে অবশ্য জানতে পারলাম, গঙ্গার ধারে পাওয়ার হাউস তৈরি হচ্ছে যাতে ভাটপাড়া ও শ্যামনগরে ঘরে ঘরে ইলেকট্রিক আলো পৌঁছে দেওয়া যায়। সেই পাওয়ার হাউসে বোমাটা না পড়ে একটু ভুলের জন্য লক্ষ্যভ্রষ্ট হয়ে গঙ্গার জলে পড়েছে। বোমা পড়ে অনেক লোক মারা যাওয়ার খবরটা ছিল গুজব। তাই বিপদ কেটে গেছে শুনে সকলেই স্বস্তির নিঃশ্বাস ফেলল। এসব দৃশ্য এখনো চোখে ভাসে। সাইরেন বাজা থামলে তবে মামমার কোল থেকে মাথা তুলতাম।

ছোটবেলায় যুদ্ধের ফলে রাতের এই অভিজ্ঞতা যেমন ভয়ংকর আর কষ্টকর বলে মনে হত, দিনের বেলাতেও বেশ কষ্ট হত। সেটা যুদ্ধ হচ্ছে বলে বিশেষ কিছু বুঝতাম না, কারণ দৈনন্দিন কাজকর্ম তো ঠিকমতো চলছে বলে মনে হত। স্কুল কলেজ, দোকান বাজার সবই দেখতাম খোলা আছে। সকলের মতো আমিও স্কুলে যেতাম। এমন কি ওই সময়ে আমার কাকার বিয়ে হয়েছে। তবে খাওয়া দাওয়ার ব্যাপারে যে কষ্ট হত সেটা বুঝতে পারতাম। দেশে যুদ্ধ চলছে, সৈন্যদের রসদ মজুত রাখা দরকার সব সময়ের জন্য। দেশে অন্ন কষ্ট শুরু হল। খাদ্যদ্রব্যের ও তার সঙ্গে দৈন্যন্দিন অন্যান্য জিনিসপত্রের দাম হু হু করে বেড়ে গেল। শেষের দিকে সরকার থেকে খাদ্যদ্রব্যের ওপর রেশনিং সিস্টেম চালু হল। চাল গম আর চিনি সপ্তাহে একদিন লাইন দিয়ে দাঁড়িয়ে তুলতে হত, অনেক সময় বেশ লম্বা লাইন পড়ত। রেশনে চাল যা পাওয়া যেত

তাতে পরিবারের সকলের দুবেলা পেট ভরে খাওয়া হত না। আমার মনে পড়ে, দুপুরবেলা আমরা ছোটরা পেট ভর্তি ভাত খেতাম। বড়রা খেত হাতে গড়া রুটি, পাশে থাকত ছোট একটা কাপে এক কাপ ভাত। বৃদ্ধ বয়সে আমেরিকায় এসে যত বড় কাপে চা খেয়েছি, আমাদের গরমের দেশ কলকাতায় সেরকম নয়। চায়ের কাপ খুব ছোট হয়। অন্নগত প্রাণ বাঙালিদের দুপুরবেলা ভাত না খেলে তো পেট ভরে না আর ভাতঘুম ভাল হয় না। তাই সান্ত্বনা হিসাবে শেষ পাতে ছোট এক কাপ ভাত। সেই ভাত রান্না করাও খুব সহজ ছিল না। রেশনে যেটুকু চাল পাওয়া যেত তাতে থাকত প্রচুর কাঁকর মেশান। আগের দিন সেই কাঁকর ভাল করে বেছে না রাখলে মুখে ভাত তোলা যেত না। আর গমের ভেতর থাকত ছোটবড় নানারকমের কাটির টুকরো বা ওই ধরনের কিছু যা কুলো দিয়ে ভালো করে ঝাড়তে হত। সেটা ছিল বড়দের প্রতি সপ্তাহের আবশ্যিক কাজ। তবেই সেই গম কোন গম ভাঙানোর দোকানে গিয়ে ভাঙিয়ে আটা আনতে হত। সেই আটা দিয়ে রাতের বেলা ছোট বড় সবার রুটি তৈরি হত। আমি ছোট থেকে রুটি খেতে একেবারে ভালবাসি না। কাজেই ভাত না পেয়ে কান্নাকাটি করতাম। কখন বকুনি, কখন আদর এইভাবে খাওয়াতে হত। যুদ্ধের বাজারে শুধু যে জিনিসের মূল্য বৃদ্ধি ঘটেছিল তাই নয়, চাল গমের ভেতর যেমন ভেজাল মেশানো শুরু হল তেমনই সব কিছুর মধ্যে ভেজাল মিশতে লাগল। শিশু ও বৃদ্ধদের জীবন ধারণের প্রধান খাদ্য দুধে জল মেশানো শুরু হল। সরষের মধ্যে শিয়াল কাঁটার বীজ মেশানো থাকত। সেগুলো দেখতে সরষে দানার মতো কিন্তু শিলে বাটলে হড়হড় করত যা খাঁটি সরষে বাটলে হত না। চিনির পরিমাণ খুব

দীপ্তি চক্রবর্তী

কম ছিল। সেজন্য বড়রা ভেলি গুড় মিশিয়ে বাড়িতে চা খেত অথবা চাটনি বা অম্বল রান্না করা হত। চিনি তোলা থাকত বাড়িতে সত্যনারায়ণ পূজার জন্য আর বাকি অল্প কিছু বাড়িতে অতিথি আপ্যায়নের ও ছোটদের জন্য। দেশে কালো বাজার তৈরি হল। খোলা বাজার থেকে সব জিনিস উধাও হতে লাগল। কালো বাজারে সেসব জিনিস লুকিয়ে অসম্ভব চড়া দামে বিক্রি হত। সাধারণ মানুষ সেসব কিনতে পারত না। সাধারণ মানুষের দুঃখ কষ্টের সীমা ছিল না। শহরে তবু রেশন পাওয়া যেত, ভাল হোক, কম হোক কিছু খাবার পেতাম। গ্রামে গঞ্জে তাও ছিল না। ফলে খিদের জ্বালায় একটু খাবারের আশায় গ্রাম ছেড়ে দলেদলে লোকেরা শহরে আসতে লাগল। এরই মধ্যে দুর্ভিক্ষ বা পঞ্চাশের মন্বন্তর দেখা দিল, সেটা ছিল ১৯৪৩ সাল। তখন আমি এতই ছোট যে আমি কিছুই জানি না। সবই বড় হয়ে শোনা কথা। কংকালসার মানুষগুলো নাকি বাড়ি বাড়ি ঘুরে একটু ভাতের ফ্যান ভিক্ষা করত। কাগজে তাদের করুণ ছবি ছাপা হত। পরবর্তী কালে বাড়িতে পুরনো খবরের কাগজে তাদের সেসব ছবি দেখেছি। কত লোক না খেতে পেয়ে রাস্তায় মরে থাকত তার কোন হিসাব ছিল না। সে এক চরম দুর্দিন গেছে। ১৯৪৫ সালে দ্বিতীয় বিশ্বযুদ্ধ শেষ হল। কিন্তু দেশের পরিস্থিতি আরও খারাপ হতে লাগল। আমাদের দেশ তখনও বৃটিশ শাসনাধীন। দেশের স্বাধীনতা সংগ্রামীরা দেশকে স্বাধীন করতে প্রাণপণ লড়াই করে চলেছে। বৃটিশরাও নানা কারণে ভারতকে আর নিজের দখলে রাখতে চাইছে না। ভারত ছেড়ে চলে যাওয়ার আগে তারা একটা কূটনীতিক চাল চেলে গেল। যে হিন্দু মুসলমান নিজ নিজ ধর্মের পার্থক্য সত্ত্বেও চিরকাল একসঙ্গে পাশাপাশি বংশ

পরম্পরায় সদ্ভাবের সঙ্গে বাস করেছে, সেই তাদের মধ্যে সাম্প্রদায়িক বিভেদের বীজ বপন করে দিয়ে গেল। ফলে উভয়ের মধ্যে দাঙ্গা হাঙ্গামা শুরু হয়ে গেল। ১৯৪৬ সালে কলকাতায় লাগল উভয়ের মধ্যে সাম্প্রদায়িক দাঙ্গা, নাম তার 'দি গ্রেট ক্যালকাটা কিলিং'। কত হাজার হাজার মানুষ যে সেদিন মারা গিয়েছিল, তা জনি না। সেই স্তূপীকৃত মৃতদেহ শিয়ালদহ স্টেশন থেকে মালগাড়ী বোঝাই হয়ে রেল লাইন দিয়ে ধীরে ধীরে চাকদহ ছাড়িয়ে কোথায় যেত জানি না। যতদূর মনে পড়ে কারো কাছে শুনেছিলাম, কোন লোকালয় হীন জায়গায় ওই মৃতদেহগুলিকে হয় গণ দাহ বা গণ কবর দেওয়া হত। আমরা তখন রেল লাইনের কাছে একটা বাড়িতে ভাড়া থাকতাম। তার কাছে ছোট একটা রাস্তার ধারে পাঁচিলের উলটো দিকে শিয়ালদহ থেকে নৈহাটি ছাড়িয়ে অনেক রেল লাইন চলে গেছে। দুপুরবেলা যখন মৃতদেহ ভর্তি মালগাড়ী আমাদের পাড়ার কাছ দিয়ে যেত, তখন বাড়ির মহিলারা কেউ মুখে ভাত তুলতে পারত না। যদিও মালগাড়ির কামরাগুলো সব বন্ধ থাকত, তবুও সারা পাড়া পচা দুর্গন্ধে ভরে যেত। মাল গাড়ি সাধারণত অসম্ভব ধীরে ধীরে চলে। ফলে দুর্গন্ধে সকলের খুব কষ্ট হত। অনেকের গা ঘুলিয়ে উঠত বা বমি হয়ে যেত। বেশ কিছুদিন দুপুরবেলা এইরকম কষ্ট চলেছিল। নিজেদের কষ্টের কথা ভাবছি কিন্তু যখন ওইসব অসহায় মানুষদের মর্মান্তিক মৃত্যুর কথা ভাবি তখন আতঙ্কে ভয়ে শিউরে উঠি। ১৯৪৬ সালে আমার বয়স সাত বছর। বড় না হলেও খুব ছোট তো নই। কাজেই সেসব ভয়ংকর পচা দুর্গন্ধময় দিনগুলোর কথা স্পষ্ট মনে আছে। দিন এগিয়ে চলে। এল ১৯৪৭ সাল। প্রাথমিক বিভাগের তৃতীয় শ্রেণীতে পড়ি। এই

বছরের আগস্ট মাসে দেশ স্বাধীন হয়। তখন মহাত্মা গান্ধীর খাদি আন্দোলনের উৎসাহে ও আদর্শে সাধারণ মানুষের মধ্যে চরকা কেটে সুতো তৈরির একটা প্রবণতা দেখা গিয়েছিল। আমার বাবাও একটা চরকা কিনেছিল। মা বাবা ও অন্যান্য বড়রা সময় পেলে চরকায় সুতো কাটত। আমিও বায়না ধরলাম চরকায় সুতো কাটব। বাবা আমাকে চরকার সামনে বসিয়ে চরকায় সব রকম ব্যাবস্থা করে কিভাবে চরকার হাতলটা ডান হাত দিয়ে ঘোরাতে হবে আর বাঁ হাতে একটু তুলো ধরিয়ে দিয়ে কিভাবে আস্তে আস্তে ওপরের দিকে তুলতে হবে সেটা নিজে হাতে ধরে শিখিয়ে দিয়েছিল। কিছুদিনের চেষ্টায় ভাল হোক, মন্দ হোক, সরু মোটা যেমন হোক, সুতো কাটতে লাগলাম। সে কি ভীষণ উৎসাহ। কংগ্রেস নেতাদের পক্ষ থেকে জানানো হয়েছিল যে, হাতে কাটা চরকার সুতোর ওজনের সম পরিমাণ একটি জাতীয় পতাকা বিনা মুল্যে বিতরণ করা হবে, সুতোর গুণগত মান বিচার্য হবে না। স্থানীয় কোন দোকানে পতাকা বিতরণের ব্যাবস্থা থাকবে। খুব সম্ভব ১৫ই আগস্টের দু এক দিন আগে স্থানীয় এক দোকানে চরকায় কাটা সুতো নিয়ে বড় কারো সঙ্গে জাতীয় পতাকা আনতে গিয়েছিলাম এবং সুতোর সম পরিমাণ ওজনের একটা জাতীয় পতাকা নিয়ে বাড়ি ফিরলাম। স্বাধীনতার দিন বাড়িতে সেই পতাকা উড়তে লাগল। খুব আনন্দ পেয়েছিলাম। সারাক্ষণ মনে হচ্ছিল চরকায় আমিও সুতো কেটেছি আর তার বদলে এই পতাকা পেয়েছি।

স্বাধীনতার আগের দিন থেকেই চারিদিকে সাজ সাজ রব পড়ে গেল। ঘোষপাড়া রোডের ধারেই আমাদের বাড়ি ছিল। সেই রাস্তার ওপরে ফুল লতাপাতা দিয়ে তোরণ তৈরি হল। ইতিমধ্যে

বাড়িতে বাড়িতে ইলেকট্রিক এসে গেছে। চারিদিকে আলো জ্বলছে আর তোরণ আলো দিয়ে সাজানো হয়েছে। রাত্রি বারোটা বাজলে রেডিও চালানো হলো। তখনও সকলের বাড়িতে রেডিও আসেনি, যাদের রেডিও আছে, তারা ভল্যুম জোর করে দিলো। মধ্য রাত্রিতে শাসন ক্ষমতা হস্তান্তরিত হল। জহরলাল নেহেরু স্বাধীন ভারতের প্রথম প্রধান মন্ত্রী হলেন। তাঁর ভাষণ শোনা যাবে রেডিওর মাধ্যমে। অনেকেই রাত্রি জেগে নেহেরুর ভাষণ শুনতে লাগল।

পরদিন ভোর হতেই স্কুলে পৌঁছলাম। আমাদের স্কুল বরাবর সকালেই শুরু হত। দিনেরবেলা ছেলেদের স্কুল বসত। দিদিমণিরা ইতিমধ্যে স্কুলে পৌঁছে গেছেন। সবাই মিলে তিনরঙা জাতীয় পতাকা তোলা হল। বন্দেমাতরম বলে স্যালুট করা হল। এবার সকল ছাত্রী ও দিদিমণিরা মিলে নগর পরিক্রমা করা হল। '১৫ই আগস্ট পুণ্য দিন/স্বাধীন ভারতে জাগে নবীন'। সেদিন এই গানটা গাইতে গাইতে প্রভাত ফেরিতে দিদিমণি ও আমরা সবাই মিলে পথ পরিক্রমা করেছিলাম। বাড়িতে ভাল খাওয়া দাওয়া হল। এই প্রসঙ্গে একটা কথা মনে পড়ল। সেটা স্বাধীনতার আগে না পরে সেসব ঠিক মনে পড়ছে না। ওই কাছাকাছি সময়ে ধুমকেতু দেখেছিলাম যা আর কখন এত স্পষ্টভাবে দেখনি। ধুমকেতু নিয়ে বড়রা বলছিল, যে দেশের ওপর দিয়ে ধুমকেতু যায় সেই দেশে নাকি দুর্দিন ঘনিয়ে আসে। সত্য মিথ্যা জানি না, ওই সময়ে দেশে দুর্দিন চলেছিল। রাত্রি কত মনে নেই, ধুমকেতু দেখব বলে জেগেছিলাম। বেশি রাত হয় নি, যতদূর মনে হয় দশটা বা সাড়ে দশটা হবে, পুব আকাশে দক্ষিণ দিক থেকে নারকেল ঝাঁটার মতো দেখতে আলো উত্তর দিকে এগিয়ে যাচ্ছে। স্পষ্ট মনে আছে সেই আলোর সামনের দিকটায়

লম্বা লম্বা আলোর কাঠি ছড়িয়ে রয়েছে। আমরা নারকেল কাঠির ঝাঁটার যে অংশটা হাত দিয়ে ধরি সেই পিছন দিকটা ঠিক যেন সেই রকমভাবে বাঁধা রয়েছে। পুব আকাশের দক্ষিণ দিক থেকে উত্তর দিকে সেই আলোর ঝাঁটা ধীরে ধীরে এগিয়ে চলেছে। এই দৃশ্যটা আমার চোখের সামনে এখনো ভাসে ।

১৫ই আগস্ট ভারত স্বাধীন হল ঠিকই, কিন্তু এই স্বাধীনতা আমাদের অখণ্ড ভারতের স্বাধীনতা নয়। ভারত ভাগের মধ্য দিয়ে এই স্বাধীনতার মূল্য দিতে হয়েছে। ভারত ও পাকিস্তান এই দুটি নামে একই দেশ হিন্দু ও মুসলমানের দেশ হিসাবে ভেঙে দু টুকরো হয়ে গেল। আবার দাঙ্গা বাঁধল। পূর্ব পাকিস্তান থেকে দলে দলে হিন্দুরা ভারতে পালিয়ে আসতে লাগল। রাস্তায় স্টেশনে ক্যাম্পে যেখানে পারল একটু আশ্রয়ের জন্য ঘুরে বেড়াতে লাগল। অনেকেরই স্থান হল গাছতলায় খোলা আকাশের নীচে বা কোন স্টেশন চত্বরে। আমার এখনো স্পষ্ট মনে পড়ে শিয়ালদহ স্টেশনের কথা। উদ্বাস্তুরা পূর্ববঙ্গ থেকে এসে দলে দলে শিয়ালদহ স্টেশনে বাস করছে। পা ফেলার কোথাও একটু রাস্তা নেই। তার মধ্যে মাটির কালো পোড়া হাঁড়িতে নীচে দুটো থান ইট পেতে শুকনো পাতা জ্বেলে রান্না হচ্ছে। কোথাও বাচ্চারা পায়খানা করেছে, গন্ধ বেরচ্ছে। কোথাও বাচ্চারা হাত পেতে দুটো পয়সা চাইছে। গায়ে ময়লা ঢিলে জামা। সমস্ত স্টেশন চত্বরেই অসহায় উদ্বাস্তুরা বসবাস করছে। তারই মধ্য দিয়ে একফালি জায়গা করে স্টেশনের বাইরে যাওয়ার ব্যবস্থা করে দেওয়া হয়েছে। বেশ মনে পড়ে যে গাড়ি থেকে শিয়ালদহ স্টেশনে নেমে পরবর্তী গাড়ি ধরবার জন্য ওই ফালি রাস্তা দিয়ে যেতে হত। তখন মা আমাকে নিজের কোলের

কাছে টেনে নিয়ে দুহাত দিয়ে আগলে নিয়ে যেত, পাছে কোন বাচ্চার হাত বা পা কিছু মাড়িয়ে ফেলি। সেসব দৃশ্য এখনো ভুলতে পারি নি।

    এভাবে দিন এগোয়। এল ১৯৪৮ সালের জানুয়ারি মাস। শীতের সকাল। সেদিন মা সকালের দিকে স্নান সেরে বারান্দার রোদ্দুরে দাঁড়িয়েছিল। হঠাৎ রাস্তা দিয়ে পরপর কয়েকটি প্রাইভেট গাড়ীকে নদীয়ার দিকে যেতে দেখল। মায়ের মনে খটকা লাগল, এতগুলি গাড়ি একসঙ্গে কেন গেল, নিশ্চয়ই এখান দিয়ে কোন বড় মানুষ চলে গেলেন। আমাকে খেয়াল রাখতে বলল। একটু পরেই দেখি প্রচুর লোক রাস্তায় জড়ো হয়ে বলাবলি করছে যে এখান দিয়ে মহাত্মা গান্ধী চলে গেলেন। নদীয়ার বর্ডারে সাম্প্রদায়িক দাঙ্গা বেঁধেছে, তাই গান্ধীজী তাঁর সোদপুর আশ্রম থেকে দাঙ্গা থামাতে বর্ডারে গিয়েছেন। তারা ঠিক করল যে গান্ধীজী যখন এই পথ দিয়ে ফিরবেন, তখন সবাই মিলে তাঁর গাড়ি আটকাবে। সেইমতো ছেলেরা সবাই রাস্তায় বসে গান্ধীজীর ফিরে আসার অপেক্ষা করতে লাগল। আমাদের বাড়ির সামনের রাস্তাতেই ছেলেরা বসেছিল। বেলা আড়াইটে বা তিনটে নাগাদ গান্ধীজীর গাড়ি এসে সেখানে থেমে পড়ল। সব ছেলেরা 'গান্ধীজী কি জয়' এই বলে জয়ধ্বনি দিতে লাগল। ছোটরা তাঁর গাড়ির জানালা দিয়ে মাথা গলিয়ে তাঁকে দেখতে লাগল। আমিও দৌড়ে গিয়ে গাড়ির জানালায় মাথা গলিয়ে তাঁকে দেখতে লাগলাম। অবাক হয়ে দেখছিলাম যে একজন লোকের পাশে গান্ধীজী বসে আছেন, কিন্তু তিনি দুটো আঙুল দুটো কানে দিয়ে মাথা নিচু করে বসে আছেন। তাঁর গায়ে একটা সাদা চাদর জড়ানো আর কাপড় হাঁটুর নীচে নামেনি। আমি ভাবছিলাম

ইনি ছবিতে দেখা গান্ধীজীর মতোই দেখতে। বাড়িতে এসে মাকে সে কথা বলতে মা একটু হেসে বলল বাড়িতে তো তাঁরই ছবি। অন্য রকম হবেন কি করে? কিন্তু তিনি কানে আঙুল দিয়ে মাথা নিচু করে কেন বসে আছেন? সে কথার উত্তরে মা আমাকে জানাল যে তিনি নিজের জয় ধ্বনি নিজের কানে শুনবেন না তাই জন্য। নিজের প্রশংসা নিজে শুনলে অহংকার বাড়ে তাই। সেই দিনটা আমার মনে চিরস্মরণীয় হয়ে গেঁথে আছে। এখনো চোখ বন্ধ করলে তাঁকে যেন স্পষ্ট দেখতে পাই। কিন্তু সেই জানুয়ারি মাসের ৩০ তারিখে রেডিও-র খবরে যখন জানতে পারলাম তিনি দিল্লিতে আততায়ীর গুলিতে নিহত হয়েছেন, তখন খুব কান্না পেয়েছিল। কেবল মনে হচ্ছিল মাত্র কদিন আগে তাঁকে নিজের চোখে দেখেছি আর আজ তিনি কোথাও নেই। তবে তাঁকে দেখার দিনটা আমার কাছে চিরস্মরণীয় হয়ে থাকল। তাঁকে আমার প্রণাম জানাই। এখানেই আমার ছোটবেলার কথা শেষ হল। এরপরে মনে রাখার মতো আর কোন ঘটনা নেই। দেশ এখন স্বাধীন। আমার বয়স হয়েছে। স্বামীও চলে গেলেন। বৃদ্ধ বয়সে ছেলের কাছে আমেরিকায় থাকি, ছেলে বউ দুজনেই অফিসে যায় আর নাতি স্কুলে যায়। সারা সকাল একাই থাকি। সময় কাটে না, কেবল অতীত দিনের কথাগুলি মনে পড়ে। কি মনে হল সেগুলো লিখে ফেললাম।

## পরবাসে বাঙালি - প্রথম প্রজন্ম - না ঘরকা না ঘাটকা

আমি বাঙালি। আমার জন্ম, কর্ম, বিবাহ সবই বাংলায়। বিদেশ তো দূরস্থান—ভারতের সব দর্শনীয় স্থানও দেখা হয় নি। পায়ের নীচে তিল থাকার কারণে সকলে বলত আমার নাকি বিদেশ বাস আছে। শুনে হাসতাম। সব ইচ্ছে তো পূর্ণ হয় না তাই যা পেয়েছিলাম তাই নিয়ে মনে তৃপ্ত ছিলাম। কিন্তু বিদেশ বাস ভাগ্যে থাকলে খণ্ডায় কার সাধ্য? ছেলে চাকুরী সূত্রে আমেরিকাতে এলে আমি একেবারে একা হয়ে পড়লাম। মেয়ের বিয়ে হয়ে গেছে। ছেলে তার বিয়ের পর আমাকে তার কাছে এনে রাখল। পরবাস বলতে যা বোঝায় সেই আমার শুরু। প্রথম দিকে ছয় মাস পর পর ফিরে যেতাম আবার আসতাম। প্রথমেই মায়া কাটিয়ে শিকড় ছিঁড়ে বেরিয়ে আসতে পারিনি। বেশ কিছুকাল পরে যখন বয়সের ভারে একেবারে অক্ষম অথর্ব হয়ে পড়লাম তখন বাধ্য হলাম সর্বক্ষণের জন্য ছেলের কাছে এসে থাকতে। জীবনে প্রথম বুঝলাম উভয় সংকট কাকে বলে। একদিকে দেশে একা থাকার শারীরিক ও মানসিক কষ্ট, অন্যদিকে ছেলের কাছে থাকলে নিরাপত্তা লাভ করাতে মনে শান্তি পাওয়া গেল। কিন্তু মন বড় বিচিত্র। তাৎক্ষণিক সময়টুকুর মধ্যে সে আটকে থাকে না। অতীত আর ভবিষ্যৎ দুদিকেই সে ঘোরাফেরা করে। তাই মন হারিয়ে যায় অতীতের মাঝখানে। স্মৃতির পিছু টানে মন বড় বিচলিত হয়ে পড়ে।

বুড়ো বয়সে স্মৃতি ভ্রংশ হচ্ছে বুঝতে পারি। দ্বিতীয় বিশ্ব যুদ্ধের সময় আমার বয়স ছিল চার বা পাঁচ বছর। সেই সময়ের স্মৃতি সব মনে আছে। ব্ল্যাক আউট, সাইরেন, দাঙ্গা, উদ্বাস্তু আগমন,

দীপ্তি চক্রবর্তী

সব চোখের সামনে ভাসে, কিন্তু মুহূর্তের কথা মুহূর্তেই ভুলে যাই। এখন আমি পরবাসী। কিন্তু আমি আমার ছেলে বা তার বন্ধুদের মতো পরবাসী নই। তাদের যে সংগ্রাম করতে হয়েছে আমার তা করতে হয় নি। আমি এখন থাকি ছেলের কাছে আমেরিকাতে। নাতির জন্ম এখানেই। তাও সব কিছুর পরেও কিন্তু আমাদের বাঙালিয়ানা ঠিক বজায় আছে। প্রযুক্তির কারণে যখন তখন ভিডিও ফোন করে দেশে কথা বলতে পারি। দেখা সাক্ষাৎ হয়। অবশ্য সবই ভার্চুয়াল, গায়ে মাথায় হাত বুলিয়ে আদর করার উপায় নেই। পেট ভরে তো মন ভরে না। কোথায় যেন একটা অতৃপ্তি থেকে যায়। মনকে যন্ত্রণা দেয়। কবে আছি কবে নেই, তাই সকলকেই কাছে পেতে বড় ইচ্ছে করে। দেশের স্মৃতি মনের মধ্যে দোলাচল সৃষ্টি করে। দোটানায় কষ্ট পাই। পাওয়া না পাওয়ার দোলাচল শুরু হয়। কবির কথায় "পাড়েও নহে, ঘাটেও নহে যে জন আছে মাঝখানে/সন্ধ্যাবেলায় কে ডেকে নেয় তারে?" বুড়ো বয়সে সেই ডাকের অপেক্ষায় দিন গুনছি।

# পরিবর্তন

পরিবর্তনশীল জগতে বেঁচে থাকতে গেলে, টিকে থাকতে হলে পরিবর্তনকে মেনে নিয়ে বা মানিয়ে নিয়ে চলতে হবে। এর অন্যথা হলে নিজেকেই সরে যেতে হবে। প্রাণী জগতের মধ্যে মানুষ সবচেয়ে বেশি বুদ্ধিমান ও সৃষ্টিশীল প্রাণী। তাই সে হিংস্র ও বন্য প্রাণীদের হাত থেকে আত্মরক্ষার জন্য অস্ত্রশস্ত্র তৈরি করতে শিখল, বাসস্থানের জন্য ঘরবাড়ী তৈরি করল। এসব দীর্ঘ দিনের প্রচেষ্টার ফল। এসবে অভ্যস্ত হয়ে গেলে নানান প্রয়োজনে আরও উন্নত যন্ত্রপাতির আবিষ্কারও হতে লাগল।

এইসব উন্নত যন্ত্রপাতির কলাকৌশল ব্যবহারের জন্য অনভ্যস্ত ও অদক্ষ লোকদের শিক্ষিত আর দক্ষ হয়ে উঠতে হয়। এটা খুব একটা সহজ ব্যাপার নয়। যদিও ব্যবহার করতে করতে অভ্যস্ত হয়ে গেলে সেটা আর কঠিন থাকে না। এই প্রসঙ্গে ছোটবেলার একটি ছড়ার কথা মনে পড়ল। অনভ্যস্ত অপরিচিত জিনিস ব্যবহার করতে গিয়ে কিভাবে নাজেহাল হতে হয় তাই এখানে বলা হয়েছে। ভারতে যখন রেলগাড়ির প্রচলন হয়, এই ছড়াটি সম্ভবত সেই সময়কালের। সেই ঊনবিংশ শতাব্দীতে যখন রেলগাড়ি এদেশে সবে চালু হচ্ছে, তখনও দূরে কোথাও যেতে হলে পদব্রজে কিংবা ধীরগতি গরুর গাড়িতে চেপেই যেতে হত। বাষ্পীয় ইঞ্জিনে চালিত দ্রুতগামী রেলগাড়ি যখন ইষ্টিশনে মিনিট খানেকের জন্য থামত, তখন ট্রেনে ওঠানামা করা ধীরগামী অনভ্যস্ত মানুষের পক্ষে বেশ অসুবিধাজনক ছিল। কারণ প্ল্যাটফরম থেকে ট্রেনে উঠতে গেলে দুটো পাদানিতে পা রেখে হাতলটা চেপে ধরে

উঠতে হত। সেটা ছিল রীতিমত অভ্যাস সাপেক্ষ, ভয় থাকত, একটু দেরি হলে গাড়ি ছেড়ে দেবে। ছড়াটি হল "আইকাম বাইকাম তাড়াতাড়ি/যদু মাস্টার শ্বশুরবাড়ি/রেল কাম ঝমাঝম/পা পিছলে আলুর দম"। তখনকার টেকনোলজি খুব উন্নত ছিল না, তাই রেলগাড়ি ঝমঝম আওয়াজ করতে করতেই আসত। ছড়াটায় আমার খুব মজা লাগত কারণ ছোট থেকেই আমরা এভাবে রেলগাড়িতে ওঠানামা করতে অভ্যস্ত ছিলাম। তাই রেলগাড়ি চলার প্রথম যুগে অনভিজ্ঞ মানুষদের হঠাৎ অপরিচিত নতুন কিছু গ্রহণ করতে যে কত অসুবিধা হতে পারে সে কথা একেবারেই বুঝতে পারি নি। অল্প বয়স, টু বা ত্রি ক্লাসে পড়তাম। কাজেই ছড়াটার মর্মার্থ বোঝার মতো বয়স তখন হয় নি।

বিংশ শতাব্দীর আগে পর্যন্ত সমাজ জীবনে যত কিছু পরিবর্তন ঘটত, সবকিছু খুব ধীর গতিতে হত। কাজেই পরিবর্তন বলে সব সময়ে ঠিক বোঝা যেত না। বয়স্ক লোকদের সেই পরিবর্তন মেনে নিতে বয়স জনিত শারীরিক ও মানসিক অক্ষমতার কারণে বেশ অসুবিধা দেখা দিত। অসুবিধা হলেও, বৃদ্ধ বয়সে মান অভিমান নিয়ে সেটা পারিবারিক গণ্ডির মধ্যেই সীমাবদ্ধ থাকত। একবিংশ শতাব্দীতে এসে এত দ্রুতগতিতে টেকনোলজির পরিবর্তন ঘটছে যে আজ যারা স্কুলজীবনে পাঠরত, পড়াশুনার শেষে চাকুরি জীবনে পৌঁছে তারা অন্য টেকনোলজির সম্মুখীন হচ্ছে যেগুলোর সঙ্গে তারা একেবারেই পরিচিত নয়। কিভাবে তারা সেসব মোকাবিলা করবে সেটাই তাদের কাছে তখন বড় প্রশ্ন হয়ে দাঁড়ায়। হাল ছেড়ে দিলে চলবে না। আগেকার জীবনযাত্রার মধ্যে কোন ব্যস্ততা ছিল না, হেসেখেলে, ঢিমেতালে জীবন কাটত। সেই জীবনে চিন্তাভাবনাগুলোর মধ্যে কোন দ্রুততার চিহ্ন থাকত না। অনিশ্চয়তা

ছিল না। যা দেখে আসছে সেভাবেই জীবন চলত। দ্রুত যুগ পালটাচ্ছে, তার সঙ্গে তাল রেখে এযুগের ছেলেমেয়েরা অনেক দ্রুত চিন্তাভাবনা করতে অভ্যস্ত হয়ে পড়ছে। যখন প্রথমে অফিস ব্যাঙ্ক ইত্যাদি বিভিন্ন কর্মক্ষেত্রে সময় বাঁচাতে, কাজের গতি বাড়াতে, টাইপ জানা লোকের প্রয়োজন হয়ে পড়ল, তখন স্কুল কলেজের ছেলেমেয়েরা অবসর সময়ে টাইপ স্কুলে ভর্তি হয়ে টাইপ শিখতে শুরু করল। কত শিক্ষিত বেকার যুবক ধারদেনা করে একটা টাইপ মেশিন কিনে অফিস পাড়ায় বসে প্রয়োজনীয় কাগজপত্র টাইপ করে রুজি রোজগারের ব্যবস্থা করে নিল। আমাদের স্কুল কলেজ জীবনে জানতাম বই, ম্যাগাজিন, প্রচার পুস্তিকা বা পরীক্ষার প্রশ্নপত্র ইত্যাদি ছাপাতে গেলে প্রেস বা ছাপাখানার প্রয়োজন। ঘরে বসে ছোট একটা টাইপ মেশিন থেকে যে ছাপার অক্ষরে লেখা বেরিয়ে আসতে পারে তা ভাবতে পারতাম না। পরবর্তী জীবনে টাইপ মেশিন এসে আমাদের সে ভুল ভেঙে দিল। আর এখন তো প্রযুক্তির আরও দ্রুত উন্নতি হচ্ছে। কম্পিউটার, মোবাইল, টি ভি, ইন্টারনেট ইত্যাদির মাধ্যমে বর্তমান যুগের ছেলেমেয়েরা বিশ্বের নানা খবরাখবর সম্বন্ধে খুবই ওয়াকিবহাল হচ্ছে। প্রয়োজন মানুষকে তার মতো করে তৈরি করে নেয়। তার জন্য দরকার নতুনকে শিখবার, গ্রহণ করবার আন্তরিক প্রচেষ্টা, কষ্ট করে ধৈর্য ধরে এগিয়ে যাওয়ার দৃঢ় মনোবল। একেই বলে সাধনা অর্থাৎ যত্নসহকারে নিয়মিত দীর্ঘকালীন অভ্যাস যা না থাকলে সিদ্ধিলাভ বা সাফল্যলাভ কিছুই হয় না। এটা কোন নতুন সমস্যা নয়। যুগ যুগ ধরে পুরানোর সঙ্গে নতুনের এই সমস্যা বা সংঘাত কমবেশি চলেই আসছে। মানুষ তার মনের জোরে সেই সমস্যাকে জয় করেই সামনের দিকে এগিয়ে চলেছে। আগামী দিনের ছেলেমেয়েরাও ভয়কে জয় করে সেভাবেই এগিয়ে যাবে।

# পুস্তক পর্যালোচনা

## অসুখের কাল, সুখের কাল (মুহূর্ত কথা)

### লেখিকা কাজী তাহমিনা

বইটির 'মুহূর্ত কথা' শব্দদুটি তাৎপর্যপূর্ণ। মুহূর্ত শুধুই অসুখের বা শুধুই সুখের এইভাবে এগিয়ে চলে না। দুয়ে মিলেই মুহূর্ত তৈরি হয়, যাতে জীবন তালে তালে ঠিক চলে। আবার কয়েকটি মুহূর্ত মিলে তৈরি করে মিনিট, ঘণ্টা, দিন, মাস, বছর। কিন্তু প্রতি মুহূর্তে তাকে অনুভব করার আগেই সে পালিয়ে যায়। সেইজন্য তাকে আলাদাভাবে মনোযোগ দিয়ে অনুভব করতে হয়। সেই কথা বোঝাতে লেখিকা হয়ত শব্দ দুটিকে ব্র্যাকেট দিয়ে আলাদা করেছেন। আমরা সাধারণত বড় জিনিসের মধ্যেই সুন্দরকে খুঁজে পেতে চাই, ছোট জিনিসের দিকে তাকিয়ে দেখি না। কিন্তু রবীন্দ্রনাথের কথায় "দেখিতে গিয়েছি পর্বতমালা,/দেখিতে গিয়েছি সিন্ধু,/দেখা হয় নাই চক্ষু মেলিয়া,/ঘর হতে শুধু দুই পা ফেলিয়া,/ একটি ধানের শিষের উপরে একটি শিশির বিন্দু"। বইটাতে সেই অধরা আপাত-তুচ্ছ অথচ মুল্যবান আনন্দ-বেদনার ছোট ছোট মুহূর্তগুলিকে সুন্দরভাবে উপভোগ্য করে তোলা হয়েছে।

লেখিকা বলেছেন, যে ব্যক্তি তাঁর জোড়াতালির সংসারে তাঁর সকল ভালত্ব, সকল মন্দত্ব সমেত তাঁকে গ্রহণ করতে ইচ্ছুক, তাঁর

কাছেই তিনি ধরা দিতে চান। পৃথিবীতে এমন কিছুই নেই যা শুধুই ভাল বা শুধুই মন্দ। দোষগুণ, ভালমন্দ, দিনরাত্রি একে অপরের পরিপূরক। ভালমন্দ বা দোষগুণের মাত্রার তারতম্য ঘটতে পারে কিন্তু কোন কারণেই তাদের মধ্যে কোন একটি সম্পূর্ণ অনুপস্থিত, সেটা অসম্ভব ও অবাস্তব। কথায় আছে, 'যাহা অমৃত তাহাই বিষ, যাহা বিষ তাহাই অমৃত'। রক্ত মাংসে গড়া মানুষ, অশরীরী ভূতপ্রেত নয় যে তার কায়া ও ছায়া কোনটাই নেই, ও দুটো যে মানুষের সঙ্গে ওতপ্রোতভাবে জড়িয়ে আছে। সেজন্য কাউকে গ্রহণ করলে ছায়া বা দোষ সমেত গোটা মানুষটাকে গ্রহণ করতে হবে।

অসুখের কাল, সুখের কাল বইটির মধ্যে আছে ব্যক্তিগত সুখদুঃখ, ভালো লাগা, খারাপ লাগা, বকুনি খাওয়া, আবার মা বাবা অথবা অনান্য প্রিয়জনের কাছ থেকে আদর পাওয়া ইত্যাদির সুন্দর একটি পারিবারিক ছবি যেখানে নিজেদের জীবনকে মেলানো যায়। তার বাবা ছিলেন আদর্শবাদী স্নেহশীল অথচ দৃঢ় চরিত্রের মানুষ যার মৃত্যু তাকে দিশেহারা করে দিয়েছিল। আবার নিজের অসুস্থতা, জন্ম দেওয়ার আগেই সন্তান হারানোর ব্যথা, মৃত্যুভয়, তারই পাশাপাশি সংসারে নতুন আগন্তুকের মায়াময় মুখ, নিমেষে সকল দুঃখকষ্ট ভুলে যাওয়া, অপার্থিব তৃপ্তির অনুভূতি সহজ সরল ভাষায় এখানে পরিবেশন করা হয়েছে। লেখিকার শব্দবন্ধ ভালো লাগে। কিন্তু সেই শব্দগুলি জটিলতায় দুর্বোধ্য হয়ে ওঠে নি। কারণ সেই বন্ধন ভালবাসার বন্ধন। সহজ আর আন্তরিক।

অতি আধুনিক নগর-সভ্যতার বিলাস বৈভবের বাড়াবাড়ি, আরও বেশি পাওয়ার আকাঙ্ক্ষা, দুর্নীতির প্রতিযোগিতা, হিংসাদ্বেষ, খুনোখুনি মানুষের জীবনকে প্রতি মুহূর্তে ধ্বংস আর মৃত্যুর দিকে

দীপ্তি চক্রবর্তী

ঠেলে দিচ্ছে। মানুষকে ভীত, সন্ত্রস্ত করে তুলছে। মন বলে পালাই, পালাই। কিন্তু আপনজনদের বিপদের মুখে ফেলে মন পালাতে চায় না। পালিয়ে তো মুক্তি নেই। মুক্তি নেই ধ্বংসের বা মৃত্যুর হাত থেকে। আত্মপরতার রাজনীতি মুক্তির সব সম্ভবনা নষ্ট করে দিয়েছে। লেখিকা এই ভয়ংকর পরিস্থিতিতে সহজ সরল সংবেদনশীল হৃদয়ের শূন্যতা অনুভব করেন। লেখিকা 'প্রিয় আধুনিক মা বাবা' শীর্ষক অংশে বর্তমানের সংকটময় দুর্দিনে দেশ কাল পাত্র ভেদে চিরন্তন প্রবহমান সত্য কিছু নিয়মাবলী পালনের কথা বলেছেন। তাঁর মতে, শিশুকে হ্যাঁ বলার পাশাপাশি না-কথাটাও বলতে হবে। কষ্ট হলেও সেই কষ্টটা করতে হবে। শিশুর নরম মনের মাটিতে ন্যায় অন্যায় বা ভালমন্দ বোধ আর কিছু সু-অভ্যাস গড়ে তোলা সহজসাধ্য হয়, কিন্তু পরবর্তী কালে সেটাই কঠিন হয়ে দাঁড়ায়। পৃথিবীতে হ্যাঁ এবং না— এই দুটো নিয়েই বেঁচে থাকতে হয়। সন্তানকে ভাল রাখতে মা বাবা যে আপ্রাণ চেষ্টা ও কষ্ট করেন, সেটাও ছোট থেকেই তাকে বুঝতে দিতে হয়। বর্তমান যুগে বিজ্ঞানের দ্রুত উন্নতি আর বাণিজ্যিক প্রতিযোগিতা আমাদের জীবনে আশীর্বাদের পাশাপাশি অভিশাপকেও টেনে আনছে। অমৃতের সঙ্গে ঢুকছে বিষ। বিষিয়ে যাচ্ছে মানুষের জীবন ও পরিবেশ। আফিমের নেশার মতো ফেসবুকের নতুন নতুন আধা-বাস্তবতা, অতি সাহসি উন্মাদনার ভিডিও গেমস, বোকা-বাক্সের নিত্য নতুন উত্তেজক উপহার মানুষের মনকে অবশ করে দিচ্ছে। শিশুরা বুঝতে পারেনা টিভি-তে যা দেখে, বাস্তব জীবনে সবসময়ে সেটা ঘটে না। হারিয়ে যাচ্ছে মানবিকতা, সরলতা, সংবেদনশীলতা ও সহনশীলতা। সাচ্ছন্দ্য আর সচ্ছলতা তলিয়ে যাচ্ছে বিত্ত বৈভবের প্রাচুর্য আর দাম্ভিকতার প্রতিযোগিতায়। অনেক পেলেও অপ্রাপ্তির বেদনা শিশুমনকেও গ্রাস করতে থাকে। তাই তার মন খারাপ হয়,

রাগ হয়। মনে হয় যে তার কিচ্ছু নাই। মোবাইল নাই, আইসক্রিম নাই, টাকা নাই ইত্যাদি। কিন্তু লেখিকা জানেন যে জীবনের চেয়ে বড় শিক্ষক আর হয় না। শুধু আবদার মেটালেই তার তৃপ্তি হয় না। শাসনেরও প্রয়োজন আছে। মায়ের কোমল প্রাণ কঠিন হয়ে ওঠে। তাই তিনি ক্রন্দনরত মেয়েটিকে আরও কাঁদতে দেন। এই পরিবেশ থেকে মুক্তি পেতে হলে প্রথমে আমাদের সচেতন আর সংযত হয়ে ভালমন্দ অর্থাৎ হ্যাঁ এবং না এই দুটোকেই মানিয়ে নিয়ে চলতে হবে আর ভবিষ্যৎ শিশুদের সেই পথে চলতে অভ্যস্ত করে তুলতে হবে। কারণ দোষ বা গুণ কোনটাই সম্পূর্ণ ত্যাগ করে বাঁচা যায় না। রবীন্দ্রনাথ বলেছেন, 'দ্বার রুদ্ধ করে দিয়ে ভ্রমটারে রুখি,/সত্য বলে, আমি তবে কোথা দিয়ে ঢুকি?' তাই দ্বার রুদ্ধ করে সমস্যার সমাধান হবে না। ভাল অভ্যাস, আত্মসংযম যেমন দরকার তেমনি উদার মনে বিচার বিবেচনা করে ভাল মন্দের সঙ্গে এগিয়ে যাওয়া দরকার। শিশুকেও সেভাবে অভ্যস্ত করে তুলতে হবে। আধুনিক জীবনযাত্রায় বৈজ্ঞানিক প্রযুক্তিগত উন্নতি অপরিহার্য হয়ে উঠেছে। কিন্তু সেগুলি ব্যবহারের মাত্রাজ্ঞান থাকা দরকার। লেখিকা চিরকালীন অবিনশ্বর কিছু সত্য পালনের কথা বলেছেন যা প্রকৃত শান্তির পথ দেখাতে পারে। বইটি এক কথায় সহজ, সুন্দর ও স্বাস্থ্যকর।

প্রচ্ছদে তিন বছরের শিশু কন্যাটির আঁকা ছবি খুব ভাল লেগেছে। মনে পড়ছে সুকুমার রায়ের লেখা একটি ছড়া, 'হাট্টিমাটিম টিম/তারা মাঠে পাড়ে ডিম,/তাদের খাড়া দুটো শিং,/তারা হাট্টিমাটিম'। শিশু শিল্পীটির জন্য রইল অনেক অনেক ভালবাসা আর আদর।

## ব্রতচারী মেয়ে
## লেখিকা কাজী তাহমিনা

প্রথমেই বলে রাখি যে আমি পুরনো যুগের মানুষ। রবীন্দ্রনাথের কবিতা বা সমসাময়িক কবিদের লেখা আমার কাছে বেশি প্রিয় বা বোধগম্য। বর্তমান আধুনিক অনেক কবিতার অর্থ সঠিকভাবে আমি উপলব্ধি পারি না, যদিও সেগুলো পড়ে মানে বুঝে তার রস গ্রহণ করতে চেষ্টা করি। এখানেও যে কবিতাগুলি কিছু বুঝতে পেরেছি, সেগুলো নিয়েই লিখেছি। পাঠকেই বলতে পারবেন ঠিক বুঝেছি কিনা। আধুনিক নগর সভ্যতায় জীবনের মূল্যবোধ, প্রাপ্তি-অপ্রাপ্তি, আশা-নিরাশা, ন্যায়-অন্যায় ইত্যাদির পরিমাপ ও পরিমাণের ব্যবহারগত মাত্রা-জ্ঞানের অভাবে সেগুলি আকাশছোঁয়া ব্যবধানের মধ্যে হারিয়ে যাচ্ছে। একদিকে অপ্রাপ্তির বেদনা, অন্যদিকে সমাজে ভালমেয়ের তকমা আঁটতে গিয়ে সমস্ত ইচ্ছেগুলোকে চেপে ধরে মনটাকে অবসাদে ডুবিয়ে দিতে হয়। নিখুঁত প্রেমের অভিনয়, বা অবহেলা মনকে বিষিয়ে দেয়, সবুজ শুষে নেয় বিষাক্ত বাতাস, তাই বিষিয়ে ওঠে পরিবেশ। সহজলভ্য প্রেমে ডুবে যায় নীতিহীন নাগরিকের দল। এরই মধ্যে জেগে ওঠে বাঁচার তীব্র আকুতি। বিদ্রোহী মন একবার মাথা তুলে দাঁড়াতে চায়। সমস্ত সংস্কারের শিকল ছিঁড়ে ভালমেয়ের তকমাআঁটা মন কখন যেন নাগরিক কাকের মতো জীবনের ভাগাড় খুঁজে দেখতে চায়। এখানে দম্ভ আর টাকার অহংকারে পৃথিবীর সুন্দরী রাজকন্যাদের কেনা যায়। কিন্তু পাতাকুড়ানি কালো মেয়েটির নির্লোভ সারল্যকে কেনা

যায় না। মনে নেয়ার অর্থাৎ ভাল লাগার মধ্যে যে পার্থিব অলৌকিকতা আর মেনে নেয়ার অর্থাৎ অনিচ্ছায় মানার মধ্যে যে লৌকিক অত্যাচার তার ব্যবধান থেকেই যায়। প্রেমহীন নিত্য প্রেম জীবনকে ক্ষত বিক্ষত করে তোলে। এখানে প্রেম হারিয়ে যায় দৈনন্দিন তেল হলুদের হিসাবের ব্যস্ততায়। এই নশ্বর জীবন ও জগতে প্রেম ভালবাসা কিছুই সত্য নয়, নিত্য নয়, একমাত্র সত্য মৃত্যু। অথচ জীবন মৃত্যুর ব্যবধান মাত্র এক ন্যানো সেকেন্ডের। তবু বাঁচার ইচ্ছে হয়। জিয়নকাঠির ছোঁয়ায় দুঃখ বেদনা উড়ে গেলে অসহ্য যানজটের কষ্টকেও ভাল লাগতে থাকে। কবি তাই ব্রতচারী মেয়েটিকে মনে করিয়ে দেন, হোঁচট খেতে খেতেও একদিন যেন সে সমস্ত অগৌরব আর অপমান ভুলে গিয়ে দৃঢ়ভাবে উঠে দাঁড়িয়ে স্বপ্ন সম্ভবের দিকে হাত বাড়াতে পারে। আর নিজে চান প্রলম্বিত শৈশব অর্থাৎ শিশুর সরলতা যেখানে হাসি গান আর দস্যিপনার মাধুর্য আছে। সারল্যের মধ্যেই আছে সহজ সুন্দর সত্যের নিত্য অধিষ্ঠান।

www.ingramcontent.com/pod-product-compliance
Lightning Source LLC
Chambersburg PA
CBHW070944080526
44587CB00015B/2222
* 9 7 8 1 7 3 3 4 4 5 6 7 2 *